中国金融学

总第二十辑

清华大学公共经济、金融与治理研究中心
四川大学金融研究所
浙江大学互联网金融研究院
中国人民大学国际货币研究所

中国金融出版社

责任编辑：吕　楠
责任校对：孙　蕊
责任印制：陈晓川

图书在版编目（CIP）数据

中国金融学．总第二十辑/清华大学公共经济、金融与治理研究中心等编．—北京：中国金融出版社，2018.12
ISBN 978-7-5049-9895-8

Ⅰ.①中…　Ⅱ.①清…　Ⅲ.①金融学—中国—文集　Ⅳ.①F832-53

中国版本图书馆 CIP 数据核字（2018）第 274629 号

中国金融学
Zhongguo Jinrongxue
出版
发行　中国金融出版社
社址　北京市丰台区益泽路 2 号
市场开发部　（010）63266347，63805472，63439533（传真）
网　上　书　店　http://www.chinafph.com
　　　　　　　　（010）63286832，63365686（传真）
读者服务部　（010）66070833，62568380
邮编　100071
经销　新华书店
印刷　北京市松源印刷有限公司
尺寸　180 毫米×255 毫米
印张　6.25
字数　115 千
版次　2018 年 12 月第 1 版
印次　2018 年 12 月第 1 次印刷
定价　49.00 元
ISBN 978-7-5049-9895-8
如出现印装错误本社负责调换　联系电话（010）63263947

《中国金融学》编辑委员会

联合主编：赵昌文　教授（国务院发展研究中心、四川大学）
　　　　　　俞　乔　教授（清华大学）
　　　　　　庄毓敏　教授（中国人民大学）

执行主编：贲圣林　教授（浙江大学、中国人民大学）

《中国金融学》学术委员会

学术委员会委员（以姓氏音序为序）：

陈　晓	清华大学经济管理学院	宋　敏	武汉大学经济与管理学院
陈志武	耶鲁大学金融系	孙国峰	中国人民银行金融研究所
丁志杰	对外经济贸易大学金融学院	孙　谦	复旦大学管理学院金融系
高培勇	中国社会科学院经济所	汪昌云	中国人民大学财政金融学院
龚　朴	华中科技大学管理学院	王维安	浙江大学经济学院
郭克莎	华侨大学经济与金融学院	王有强	清华大学公共管理学院
韩立岩	北京航空航天大学经济管理学院	吴国俊	休斯顿大学商学院
何德旭	中国社会科学院财经战略研究院	吴世农	厦门大学管理学院
胡永泰	加州大学戴维斯分校经济系	肖　耿	北京大学汇丰商学院
黄登仕	西南交通大学经济管理学院	杨柳勇	浙江大学经济学院
金雪军	浙江大学经济学院	姚　洋	北京大学国家发展研究院
李稻葵	清华大学经济管理学院	曾　勇	电子科技大学经济与管理学院
李建军	中央财经大学金融学院	张　春	上海交通大学上海高级金融学院
李善民	中山大学经济管理学院	张　杰	中国人民大学财政金融学院
李心丹	南京大学工程管理学院	张　维	天津大学管理与经济学部
林双林	北京大学国家发展研究院	张维迎	北京大学国家发展研究院
林毅夫	北京大学国家发展研究院	张宗益	重庆大学经济与工商管理学院
刘尚希	中国财政科学研究院	郑　璐	加州大学欧文分校金融系
刘芍佳	布鲁奈尔大学经济系	朱武祥	清华大学经济管理学院
刘锡良	西南财经大学中国金融研究中心	朱晓冬	多伦多大学经济系

目 录

反收购条款对创新能力的影响：中国上市公司的证据
.... 杨柳勇 郑欣桐（1）

股权结构对公司业绩稳定性的影响研究
——以实际控制人特征为视角
.... 杨安华 李 俏（20）

银行业普惠金融：发展现状、存在问题与政策建议
.... 赵 京 王 刚（39）

中国现代金融体系的"四梁八柱"
.... 伍 聪（55）

地方政府债务风险研究综述
.... 韩立岩 丁 丁（65）

改革开放新征程：历史与未来
——"2018国际货币论坛"综述
.... 罗 琦 李振新（82）

中 国 金 融 学

China Journal of Finance

反收购条款对创新能力的影响：
中国上市公司的证据

杨柳勇[①] 郑欣桐[②]

摘 要 在中国特有的股权结构和治理机制下，上市公司通过反收购条款除了能够稳定股东结构外，是否会影响公司的创新能力呢？本文经手工收集得到1734条反收购条款数据建立上市公司样本，选取2007—2017年A股上市公司面板数据进行实证研究。通过研究我们发现，在公司章程中增设反收购条款与公司在创新中的表现呈负相关，即反收购条款增多，企业创新能力降低。在股权更分散的公司，反收购条款对创新能力的负面影响减小，且对于专利授权较困难的行业，由于资本市场的压力可以抑制管理层道德风险，反收购条款对其创新能力的负向影响也将被削弱。本文根据研究结果提出了相应的政策建议。

关键词 反收购条款　创新能力　管理层防御　股权结构

1. 引 言

随着上市公司控股权相关的收购与反收购事件的增加，越来越多的上市公司在公司章程中开始设立"驱鲨剂"条款或反收购条款（指公司为抵御其他公司的恶意收购而采用的一些正式的反收购手段）。根据本文的整理统计，2007—2017年上市公司共增设了1734条反收购条款，总体呈现增长趋势。

上市公司增设反收购条款是否会损害公司的创新，进而对公司的价值有影响呢？本文将在国内外已有研究的基础上，重视中国上市公司的治理特征，利用经手工整理的数据来研究反收购条款对公司创新的影响，为同类研究提供一个来自中国上市公司的证据。国外学者在反收购条款对企业创新的影响实证方面有较广泛的研究，而国内这方面的研究几乎没有，西方发达国家的经验证据能否适用于中国的上市公司是一个值得探讨的问题。

创新是企业长期竞争优势的关键企业战略。激励创新需要在短期内容忍失败并用长远的眼光来评估成功的回报（Manso, 2011）。公司治理机制（如反收

[①] 杨柳勇，浙江大学经济学院教授，博士，博士生导师，主要从事国际金融、公司金融等研究。
[②] 郑欣桐，浙江大学经济学院硕士研究生，主要从事公司金融与资本市场研究。

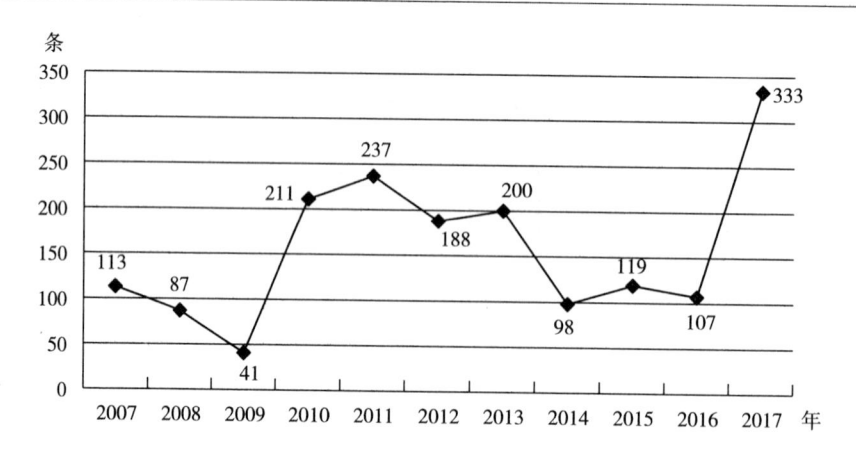

图 1 中国上市公司章程中增设反收购条款的数量

购条款）将管理人员与敌意收购的威胁隔离开来，可能有助于解决公共股票市场的短期压力与公司之间的利益冲突。因此，研究反收购条款影响企业创新的关系，进而分析反收购条款如何影响企业的长期股权价值具有现实意义。

为了更好地解释国内反收购条款与创新能力之间的关系，首先，在缺乏反收购条款相关数据的条件下，本文手工统计反收购条款数量，用专利数量作为创新能力的替代变量，采用OLS回归的方法检验反收购条款对企业创新能力的影响。为了突出中国上市公司的特色，本文也将研究在股权集中度和行业异质性的约束下，反收购条款对创新效应的横截面差异。

本文的可能贡献体现在：（1）开创了国内对反收购条款对创新能力影响实证研究的先河。由于我国对反收购条款的研究极为欠缺，现有研究成果主要集中在反收购条款在我国的适用性、案例分析以及相关法律效力的设想，与企业创新能力相结合的实证研究几乎没有。（2）为公司价值提升提供建议。除了基础回归，本文还引入股权集中度和产业异质性来反映反收购策略实施后对企业创新能力的影响，探讨反收购条款对创新效应的横截面差异，为保护企业价值提供建议。

2. 文献综述与研究假设

2.1 文献综述

国外关于反收购条款对企业创新的影响途径和反收购条款对企业价值和长期股票收益的影响的研究文献众多。从 Gompers、Ishii 和 Metrick（2003）的开创性论文开始，关于公司章程中反收购条款对公司业绩以及股东价值的影响，在金融经济学中引起了相当多的争论。Bebchuk 和 Cohen（2005）发现设置分类（或称分层、错列）董事会条款（classified board）会导致企业价值降低。Bebchuk、Cohen 和 Ferrell（2009）表明，累积投票制、分类董事会、提名权时间限制、提名权股份限制、董事会资格审查和绝对多数条款这六个反收购条款最值得关注，它们与公司估值和股票收益的减少有关。Cremers 和 Ferrell（2012）使用一个新的手工收集的数据集，发现1978—2006年反收购条款数量与公司价值强烈呈负相关。Core、Guay 和 Rusticus（2006）则质疑上述发现，认为没有确凿的证据可以表明反收购条款数量会影响公司各方面的业绩。随后，反收购条款影响公司规模与价值、并购概率、CEO薪酬利益和市场价值等多方面都有着很完整的实证研究。

而在反收购条款对创新的影响这一问题上，不同学者得出了不同的结论。Chemmanur 和 Tian（2013）发现拥有更多反收购条款的公司更具创新性。与他们结论相反的是，Atreya、Zaur 和 Shahbaz（2014）得出反收购条款数量与专利数量和专利引用次数呈负相关。但二者都提到的行业分类对其产生的作用却是一致的。Chemmanur 和 Tian（2018）提出在信息不对称程度更高、竞争更激烈的行业中，反收购条款对公司创新能力的影响更大。Atreya 等（2014）阐述反收购条款数量与企业创新之间的负相关性只适用于低科技企业。对高科技公司来说，这种关系在统计学上并不显著。因此，反收购条款与企业创新之间的关系更多的是一个经验实证性问题。

同时，很多学者通过研究特定目标公司，探索反收购条款对企业创新的作用。Mark（2013）发现对根深蒂固的难以估值（hard‐to‐value）的公司进行收购，可以产生更多的股东财富，并且更有可能增加企业创新。Julian（2013）研究发现，美国公司的专利数目和引证次数与公司所在州是否通过了反收购法有关。具体地，公司所在州通过反收购法的公司专利数目和引证次数比未通过反收购法的公司低。

国内对反收购条款的研究尚显不足，研究成果主要集中于反收购条款在我国的适用性、案例分析以及相关法律效力的设想，与企业创新能力相结合的实证研究还未见。限于国内目前对反收购措施没有明确的界限，加上反收购措施种类繁多，手段复杂，且没有反收购条款的数据库，只能手工收集，影响了研究工作的开展。相关的研究包括，陈玉罡（2014）以上市公司章程中的反收购条款为主要研究对象，分析累积投票制、分类董事会、提名权时间限制、提名权股份限制、董事会资格审查和绝对多数条款的设置对目标公司被并购概率和公司价值的影响。对反收购条款与公司价值的数据进行分析后发现，反收购条款对公司价值存在显著的负向影响，说明上市公司设立反收购条款的主要目的是保护无效的管理层，降低管理层被控制权市场惩戒的可能性，外部监管作用的削弱使管理层努力程度下降，公司代理成本增加，从而降低了公司价值。李善民、许金花、张东和陈玉罡（2016）在研究反收购条款是否能保护中小投资者利益的问题中,将反收购条款可能涉及的相关问题再次进行了拓展,他们发现在章程中设立分层董事会条款等反收购条款能够显著降低控股股东的利益侵占程度,这些条款的设立发挥了保护投资者权利的作用。

综上所述,由于国外市场法律体系完备,数据完整全面,反收购条款相关实证研究的操作性强,研究涉猎广泛,较为成熟。在理论方面,有众多的理论假设可以从正反两方面阐释反收购条款对创新能力的影响。理论之间相互关联,且都能自圆其说,但无法达成理论共识。在实证方面,反收购条款影响公司规模与价值、并购概率、CEO薪酬利益和市场价值等多方面都有着很完整的研究。而在反收购条款对创新的影响这一问题上,不同学者得出了不同的结论。国内目前对反收购措施没有明确的界限,加上反收购措施种类繁多,手段复杂,且没有现成的统计反收购条款的数据,因此相关研究只能靠手工收集,因此研究起来较为困难,局限性大,因而研究成果的学术价值还不足。

2.2 研究假设

关于反收购条款影响企业创新的机制,从理论上有不同的解释。

道德风险(或代理理论)的观点认为,没有受到股东监督或压力的管理者会推卸责任,浪费资金在自己喜欢的项目上,或参与其他类型的破坏价值的活动。出于对职业生涯的担忧,管理人员也可能更愿意将资金和人力资本投入到更多的常规项目中,从而获得更快的回报,但这些项目的总体价值更低。敌意收购的威胁通过对管理人员进行规范并使他们专注于追求最具创新性和价值的项目来缓解道德风险问题。因此,按照道德风险理论的预测,如果敌意收购的威胁减少,管理人员就会减少创新,从而对企业价值创造不利。据此,本文提出假设1。

假设1:在公司章程中增设反收购条款与公司在创新中的表现呈负相关。

相对于欧美股权分散的治理体系,中国公司通常由大股东控股,股权集中度较高。在反收购条款的设置上,多数公司是在董事选举程序和投票方式上设置障碍,这更加提高了管理层的防御能力,加剧了道德风险。公司在成为公众公司后,股权结构会有所分散,这种压力会迫使管理人员进行自我规范,更多地追求具有创新性和价值的项目,从而有利于减缓道德风险,也因此减弱对创新的抑制作用。同理,在已经上市的公司中,股权相对分散的公司对创新的影响也应该是正面的。对此,本文提出假设2。

假设2:股权结构较分散的公司,反收购条款对创新能力的负面影响减弱。

根据前述,Chemmanur与Tian(2018)和Atreya等(2014)对反收购条款对创新的影响得出了相悖的结论,但二者同样研究了行业影响的差异。基于先前文献的经验，本文提出假设 3。

假设 3：对专利授权较困难的行业，资本市场的压力可以抑制管理层道德风险，反收购条款对其创新能力的负向影响将被削弱。

3. 数据、变量和模型设计

3.1 样本与数据来源

由于 2006 年修订的《上市公司章程指引》对公司章程影响较大，因此本文选取 2007—2017 年的 A 股上市公司面板数据进行实证研究。本文将采用 OLS 实证检验方法，研究样本的基本数据来源于 CSMAR 数据库和 CCER 数据库，剔除 ST 上市公司及金融行业的公司和控制变量有缺失值的公司样本，保留剩余 3107 家公司样本，其中，研发支出数值缺失则视为该年度该企业无研发支出，则研发支出占比项补充为零。利用 3107 家公司的样本构造 2007—2017 年的面板数据，最终获得 22197 个研究样本。章程数据来源于慧博智能终端、巨潮资讯网等，通过手工关键词搜索的方式收集整理最终得到。根据本研究所收集的数据统计，在选择的 3107 家公司样本中共收集到 1734 条反收购条款数据。

3.2 指标选取和变量定义

3.2.1 被解释变量的定义及量化方式

本文的被解释变量是企业创新。创新是一个复杂的过程，涉及多种形式，包括产品、流程和业务方法创新等。早期国内外大多文献都使用 R&D 支出来衡量创新，因为研发支出是创新过程的重要投入，并且直接受管理层决策。然而近些年的文献与上述研究不同，它们大多使用专利数量与征引次数来衡量企业创新。主要理由是，专利为输出指标，是有形的和无形的创新输出的成果，其中发明专利更能体现这一优势，因此利用企业年度专利数量代表创新能力更具有说服力。

本文利用有效专利数量作为创新能力的测度。由于国内的专利分为发明、实用新型和外观设计三类，其中实用新型专利数量占比大、研发周期短且其对创造性和技术水平的要求较发明专利低，同时实用新型专利在一段时间后专利权会被国家收回，相比之下，发明专利研发投入大、研制周期长且受国家专利保护时间长，一定程度上更能体现企业的创新能力。所以，本文分别采用企业有效专利总数量和企业发明专利数量作为衡量创新能力的指标。

3.2.2 解释变量的定义及量化方式

本文的解释变量是反收购条款数量。在国外的研究中，对于反收购条款即管理层防御能力的量化，有两种方式备受学者青睐。一种是 Bebchuk 等（2009）根据投资者责任研究中心（IRRC）对机构投资者进行监督的反收购24项措施中的6项条款构建的 E 指数（E－index）来衡量，另一种是 Gompers、Ishii 和 Metrick（2003）编制的 G 指数。但二者的测算都基于完备的数据库和成熟的研究体系，鉴于我国尚没有具体统计公司颁布反收购条款数量，因此相关信息只能手工收集。

2006 年的《上市公司章程指引》对章程中的条款设置做出了规范。通过分析上市公司的章程以及国内外文献发现，公司采取反收购条款为避免影响自身持续经营，只能在董事选举程序和投票方式上对并购方的插足设置障碍，在其他方面发挥的空间很小。因此在本文中，经修改公司章程而采取累积投票制、绝对多数条款、分类董事会、董事会资格审查、提名权时间限制和股份限制的企业则被视为实施了反收购手段。

公司章程中反收购条款数据的收集方法为：（1）从慧博智能终端和巨潮资讯网站查阅和下载所有上市公司历年的公司章程修改公告；（2）记录公司章程修改条款的内容中，是否采用以及何时采用这些反收购条款的信息；（3）在公司公告栏进行关键词搜索，并筛选出对应的反收购条款。具体地，对于分类董事会条款的表述，以绵石投资 2017 年公司章程的修订为例，第九十六条明确规定："董事会每年更换和改选的董事不超过公司章程规定的董事会成员总数的 1/3……"，利用关键词"董事/更换/不超过"来进行搜索，并进行判断。其他与之相同。

3.2.3 控制变量

遵循创新方面相关文献，本文在回归模型中控制了可能影响公司创新的企业和行业特征变量。在基准回归分析中，本文的控制变量包括企业规模（以总资产的自然对数衡量）、盈利能力（以 ROA 衡量）、创新投资（以研发支出占总资产的比重衡量）、资产有形性［以净 PPE（财产、厂房和设备）占总资产的比重衡量］、杠杆率（资产负债率）、资本支出（以资本支出占总资产的比重衡量）、增长机会（以托宾 Q 值衡量）、股权集中度（以 Herfindahl 指数衡量）。本文将取第一大股东持股比例的平方和计算 Herfindahl 指数，从而能更好地捕捉到股权集中度与创新之间可能存在的关系。同时，本文考虑公司固定效应和时间固定效应，设置公司虚拟变量和年份虚拟变量。表1描述了详细的变量定义。

表1 变量定义

创新能力变量		
专利数	$Patent_{it}$	公司 i 在 t 年里的有效专利总数量
发明专利数	$Invention_{it}$	公司 i 在 t 年里的有效发明专利数量
反收购条款变量		
发收购条款	ATP_{it}	公司 i 在 t 年里的反收购条款数量
控制变量		
总资产	$Assets_{it}$	公司 i 在 t 年里的总资产（十亿元）
资产收益率	ROA_{it}	公司 i 在 t 年里的资产收益率
研发投入	$R\&D/Assets_{it}$	公司 i 在 t 年里的研发支出占比
有形资产	$PPE/Assets_{it}$	公司 i 在 t 年里的有形固定资产占比（PPE 指财产、厂房和设备）
资产负债率	$Leverage_{it}$	公司 i 在 t 年里的资产负债率
资本支出	$CapExp/Assets_{it}$	公司 i 在 t 年里的资本支出占比
股权集中度	$Herfindahl_{it}$	公司 i 在 t 年里第一大股东持股比例的平方和
公司价值	$Tobin's\ Q_{it}$	公司 i 在 t 年里公司市场价值对其资产重置成本的比率

3.3 模型设计

首先，选取反收购条款数量作为解释变量，专利数量作为创新能力的替代变量，分别为有效专利总数量和有效发明专利数量，采用 OLS 回归的方法检验反收购条款对企业创新能力的影响。模型为：

$$\ln(Innovation_{i,t+n}) = \alpha + \beta ATP_{it} + \delta' Z_{it} + Year_i + Firm_i + u_{it} \quad (1)$$

其中，i 指公司，t 指年份；$\ln(Innovation)$ 为被解释变量，形式为 $\ln(patent)$ 有效专利总数量和 $\ln(Invention)$ 发明专利数量；Z 为会影响企业创新能力的公司和产业特性，u 为随机干扰项。

通过探讨反收购条款对创新效应的横截面差异，在横截面上寻找进一步证据。因此在扩展问题中，本文还将研究股权集中度和行业异质性在反收购条款的作用下，所表现的创新水平是否有所不同，其中区分股权集中度利用 Herfindahl 指数①测算，行业异质性则根据专利的技术性质把公司分为三类：药物研发、IT& 化学和低科技产业。

然后探究反收购与公司价值之间的关系：

$$Q_{it} = \alpha + \beta_1 ATP_{it} + \beta_2 \ln(patent) + \delta' Z_{it} + Year_i + Firm_i + u_{it} \quad (2)$$

---

① 在一些研究反收购效应的文献中，也把这一指标作为衡量公司市场竞争性的指标，但是在中国我们认为这是不合适的，在本文中这一指标仍然为其原始意义，即衡量股权集中度。

其中，i 指公司，t 指年份；托宾 Q 为被解释变量。

最后，采用选择替代变量方法进行稳健性检验。

4. 实证结果及分析

4.1 描述性统计与相关性分析

本文选取 2007—2017 年 A 股上市公司面板数据进行实证检验。其中，剔除控制变量（研发支出占比除外）有缺失值的公司、金融行业和 ST 公司，研发支出数值缺失则视为该年度该企业无研发支出，研发支出占比为零，最终保留 22197 个样本。为了防止极端值对实证结果产生影响，本文参照 Miroslava 和 Gregory（2010）的做法，对衡量公司价值的控制变量 99% 和 1% 的分位数进行极值调整。表 2 分别对本文的被解释变量和解释变量做了描述性统计。

表 2　解释变量描述性统计

被解释变量	平均值	中位数	标准差	计数
patent	38.16	6	67.67	21975
Invention	4.69	1	10.43	21975
ATP	0.11	0.00	0.27	1734
Assets(Billion)	5.96	2.56	8.38	21975
ROA(%)	3.95	3.56	4.50	21975
R&D/Assets(%)	2.38	0.19	4.76	21975
PPE/Assets(%)	16.90	9.85	19.10	21975
Leverage(%)	49.40	29.45	62.83	21975
CapExp/Assets(%)	5.10	3.70	4.61	21975
Herfindahl	0.14	0.11	0.11	21975
Tobin's Q	2.62	1.73	1.76	21975

资料来源：CSMAR 国泰安数据库及手工收集。

其中，由于专利类型中的实用新型专利创造性和技术水平要求较低，某些公司年度专利数高达数千，或者一批实用新型专利保护期限已到，导致公司专利数量批量减少至负数，因此对有效样本中的有效专利总数量和发明专利数量同样做了 99% 和 1% 的缩尾处理，最终，样本平均年度拥有专利数为 38.16 项，其中发明专利为 4.69 项。

公司样本中共收集到 1734 条反收购条款数据，章程内设置有反收购条款的公司平均颁布 0.11 条反收购条款,托宾 Q 的均值为 2.62,表明公司的市场价值平均约为重置成本的 2.62 倍。总体来说,公司平均水平的总资产为 59.6 亿元,ROA 为 3.95%,杠杆率为 49.4%,PPE 净值比率为 16.9%。

为了初步检验反收购条款与企业创新能力之间的关系及防止变量间存在多重共线性,本文首先对主要变量进行 Pearson 相关性分析。表 3 对变量之间的相关性做了统计分析。

表3 相关性分析统计结果

	patent	Invention	ATP	Asset	ROA
patent	1.000				
Invention	0.423***	1.000			
ATP	−0.046***	−0.053***	1.000		
Asset	−0.016**	0.001***	0.042***	1.000	
ROA	0.088***	0.067***	−0.039**	−0.062***	1.000
RD/Asset	0.010***	−0.018***	−0.102***	−0.360***	0.047***
PPE/Asset	−0.011***	0.011***	−0.059***	−0.233***	−0.031***
leverage	−0.058***	−0.034***	0.007***	−0.219***	−0.083***
Cap/Asset	0.066***	0.050***	−0.071***	−0.010***	0.094***
Herfin	−0.029***	−0.022***	−0.007*	0.047***	0.033***
TBQ	0.055***	0.040***	−0.030***	−0.097**	0.063

	RD/Asset	PPE/Asset	leverage	Cap/Asset	Herfin	TBQ
patent						
Invention						
ATP						
Asset						
ROA						
RD/Asset	1.000					
PPE/Asset	−0.003***	1.000				
leverage	−0.064***	0.051***	1.000			
Cap/Asset	0.030***	0.130***	−0.043***	1.000		
Herfin	−0.045***	0.001***	−0.015***	0.010***	1.000	
TBQ	0.126***	−0.013*	−0.035***	0.035***	0.047**	1.000

注:*、**和***分别表示估计系数在 10%、5% 和 1% 显著性水平下显著。

参照国内外文献的标准，相关系数的阈值取为0.4，上述变量之间除了有效专利总数量和发明专利数量相关系数均小于0.4，因此变量之间不存在多重共线性。有效专利总数量和发明专利数量两个变量间显然有一定的关联性，后文的回归分析也将二者分别作为被解释变量进行回归。从表3中也可以看出，反收购条款与有效专利总数量和发明专利数量呈显著负相关关系，初步说明反收购条款对企业创新能力存在负向作用。

4.2 回归分析

在我国，上市公司章程中设置的反收购条款与企业创新能力有怎样的关系呢？本文利用21975个样本数据进行了实证分析。分为反收购条款与创新能力影响的实证，反收购条款与创新能力横截面差异的实证，以及稳健性检验三部分。

4.2.1 反收购条款与创新能力

本文选取反收购条款数量作为解释变量，专利数量作为创新能力的替代变量，根据式（1）采用OLS回归的方法检验反收购条款对企业创新能力的影响。

从表4中可看出，ATP的系数对于专利总数量和发明专利数量均为负值。系数表明反收购条款的设置与专利总数量和发明专利数量在1%显著水平下显著负相关。这说明反收购条款的设置在一定程度上削弱了公司创新能力，即平均每颁布一条反收购条款，该年度有效专利总数量被削弱49.6%，发明专利数量被削弱239.4%。可见反收购条款巩固了管理层的权利，阻碍了来自资本市场的有效监督，而没有被适当监督的管理层会倾向于为个人利益而扭曲创新的管理激励，对创新绩效产生负面的影响。因此，研究结果支持假设1，同时也提供了一个可能的解释——减少企业市场价值的相关条款或措施也会降低企业在创新方面的表现。

本文控制一系列可能影响公司创新产出的企业特征变量也具有统计意义。研究发现企业规模和盈利能力都有正向的系数，杠杆率系数为负，因此那些规模较大、盈利能力较强、杠杆率较低的公司更具有创新性。此外，更多的研发支出可以被看做是公司更大的创新投入，与更多的创新产出相关联，同时较大的资本支出也会使创新产出增多。但是Herfindahl指数前系数为负，可见第一大股东控股比例增高会引发代理问题，使公司管理层可能缺乏持续进行高水平创新投资的意愿（左晶晶等，2013），从而抑制创新产出。另外公司价值变量与创新之间是正向关系，足见创新对公司价值的提升作用，这也是我们研究创新作用的归宿。

综上所述，反收购条款对企业创新不具有积极的因果效应，与管理层防御假设一致，实证结果与Atreya、Zaur和Shahbaz（2014）的研究相似。

表4 反收购条款与创新能力的基础回归结果

解释变量	ln（Patent）	ln（Invention）
ATP	−0.496***	−2.394***
	(0.001)	(−3.698)
lnAssets	0.032**	0.162***
	(0.023)	(0.005)
ROA	3.390***	11.170***
	(0.000)	(0.000)
R&D/Assets	0.299**	5.654***
	(0.037)	(0.000)
PPE/Assets	0.090	0.706*
	(0.031)	(0.047)
Leverage	−0.182***	−0.293***
	(0.000)	(0.009)
CapExp/Assets	2.326***	4.494***
	(0.000)	(0.001)
Herfindahl	−3.089***	−5.134**
	(0.000)	(0.045)
Tobin's Q	0.051***	0.134***
	(0.000)	(0.000)
常数项	2.157***	0.675
	(0.000)	(0.000)
年份—固定效应	Yes	Yes
公司—固定效应	Yes	Yes
样本数	21975	21975
R^2	0.492	0.428

注：括号内为估计量p值。*、**和***分别表示在10%、5%和1%显著性水平下显著。

4.2.2 反收购条款与创新能力的横截面差异：股权结构与行业异质性的影响

中国上市公司的股权结构相对来说比较集中，通常由大股东控股，如果在章程中又设置反收购条款，在董事选举程序和投票方式上设置障碍，就更加提高了管理层（包括大股东）防御能力，加剧道德风险。那么股权相对分散的公司，是否会给管理人增加压力，进行自我规范并使之专注于追求最具创新性和价值的项目,从而减缓道德风险,使创新被抑制的效果下降?如果上述猜想得到支持,本研究期望得到 ATP 与 Herfindahl 指数交叉项的负相关系数估计值。

本文通过式(1)中 ATP 和 Herfindahl 指数之间的相互作用来检验上述猜想。Herfindahl 指数的范围介于 0 和 1 之间,其值增加表明股权更加集中。根据 Herfindahl 指数的值是高于还是低于样本中值来分割样本,分别设置交叉项。在回归中,加入交叉项作为解释变量进行回归分析,如表 5 所示。

从表 5 中可以看出,ATP 前系数估计值为负且在 1% 显著水平下显著,与前文基础回归结果一致。以专利总数量作为被解释变量的回归系数表明,$ATP \times High\_Herfindahl$ 前系数为负且在 1% 显著水平下显著,即对于股权集中度较高的公司,其设置反收购条款会对创新能力产生负面影响;而 $ATP \times Low\_Herfindahl$ 前系数为负但不显著,而在以发明专利数量为被解释变量的回归中 $ATP \times Low\_Herfindahl$ 前系数为正。可以看出,在股权较为分散的企业,其反收购条款对于公司创新能力的负面影响较小,因此假设 2 成立。

其他控制变量的回归结果与基础回归相同,显而易见,高杠杆率和大股东高持股比例对企业创新都是不利的。

表 5 不同市场竞争条件下反收购条款与创新能力的回归结果

解释变量	ln(Patent)	ln(Invention)
ATP	-0.321***	-0.499***
	(0.033)	(0.034)
$ATP \times High\_Herfindahl$	-0.492***	-0.724***
	(0.030)	(0.013)
$ATP \times Low\_Herfindahl$	-0.029	0.002
	(0.000)	(0.000)
lnAssets	0.025**	0.099***
	(0.023)	(0.003)
ROA	3.317***	10.348***
	(0.000)	(0.000)
R&D/Assets	0.306***	2.238***
	(0.027)	(0.000)
PPE/Assets	0.090	0.404*
	(0.031)	(0.046)
Leverage	-0.170***	-0.223***
	(0.000)	(0.008)
CapExp/Assets	2.221***	4.434***
	(0.000)	(0.000)

续表

解释变量	ln（Patent）	ln（Invention）
Herfindahl	−3.114***	−5.010**
	（0.000）	（0.023）
Tobin's Q	0.035***	0.174***
	（0.000）	（0.000）
常数项	1.237***	1.792
	（0.000）	（0.052）
年份—固定效应	Yes	Yes
公司—固定效应	Yes	Yes
样本数	21975	21975
R^2	0.492	0.428

注：括号内为估计量 p 值。*、**和***分别表示在10%、5%和1%显著性水平下显著。

不同行业具有不同的创新潜力以及不同的创新风险。因为创新活动涉及重大的失败风险，并且成果在短期内可能不会立即反映在利润增长上，因此对于专利授权较困难的行业，其需要更庞大的资源，反收购条款对其创新能力的负向影响可能会被削弱。

本文根据专利的技术性质将样本公司分为三类：药物研发、IT& 化学和低科技行业。其中，药物研发公司获得的专利类型多为发明专利，其研发投入大、研制周期长且受国家专利保护时间长，显而易见开发新药比开发新软件花费更多的时间和资源，其专利更能体现公司创新能力；IT& 化学公司为第二层次高科技产业；除了上述行业以外的则被划分为"低科技产业"。三类样本分别按照式（1）做回归，如表6所示。

从表6中可以看出，在药物研发和IT& 化学两类行业中，ATP 的系数估计值是正值，与本文的基础回归结果相反；而低科技行业中 ATP 的系数估计值为负且在1%显著水平下显著。其中以专利总数量为被解释变量得到，药物研发行业 ATP 系数估计值为1.359且在5%显著水平下显著，意味着反收购条款对药物研发行业的专利输出有显著正向作用。IT& 化学的 ATP 系数估计值为0.017，略低于药物研发行业，但结果不显著，说明反收购条款对该行业企业创新没有太大影响。从另一种角度来说，产品市场竞争对高科技企业创新的约束作用可以消除反收购条款对企业创新绩效的负面影响，而在低科技行业，对管理层的保护措施似乎更有可能加剧代理问题，并对创新激励产生负面影响，因此结论支持假设3。

表6 不同行业反收购条款与创新能力的回归结果

解释变量	药物研发 ln(Patent)	药物研发 ln(Invention)	IT&化学 ln(Patent)	IT&化学 ln(Invention)	低科技行业 ln(Patent)	低科技行业 ln(Invention)
ATP	1.359**	1.303**	0.017	0.004	−0.542***	−0.416***
	(0.031)	(0.010)	(0.009)	(0.009)	(0.001)	(0.000)
lnAssets	0.0476	0.0238	−0.072**	−0.064***	−0.032**	0.011
	(0.908)	(0.044)	(0.028)	(0.001)	(0.048)	0.018)
ROA	3.381***	1.497**	2.778***	1.702***	3.507***	1.223***
	(0.001)	(0.011)	(0.000)	(0.000)	(0.000)	(0.000)
R&D/Assets	1.531	2.117***	−0.368	−0.954**	−0.493	−0.833***
	(0.016)	(0.001)	(0.057)	(0.010)	(0.022)	(0.000)
PPE/Assets	−0.015	−0.077	0.062	−0.003	0.110	0.218***
	(−0.096)	(0.074)	(0.074)	(0.098)	(0.029)	(0.000)
Leverage	−0.082	−0.008	−0.368***	−0.133***	−0.160***	−0.076***
	(0.029)	(0.008)	(0.000)	(0.001)	(0.000)	(0.000)
CapExp/Assets	4.649***	−0.577	1.354**	1.091***	2.390***	0.959***
	(0.000)	(0.046)	(0.038)	(0.003)	(0.000)	(0.000)
Herfindahl	−10.120***	−1.396***	−1.412***	2.502***	−2.848	0.518
	(0.000)	(0.034)	(0.033)	(0.003)	(0.000)	(0.017)
Tobin's Q	−0.014	−0.015	0.060***	0.018*	0.052***	0.0294***
	(0.006)	(0.042)	(0.000)	(0.067)	(0.000)	(0.000)
常数项	0.332	0.558	3.352***	2.319***	2.109***	0.416**
	(0.077)	(0.042)	(0.000)	(0.000)	(0.000)	(0.030)
年份—固定效应	Yes	Yes	Yes	Yes	Yes	Yes
公司—固定效应	Yes	Yes	Yes	Yes	Yes	Yes
样本数	1352	1352	4084	4084	16761	16761
R^2	0.433	0.328	0.246	0.246	0.182	0.137

注：括号内为估计量p值。*、**和***分别表示在10%、5%和1%显著性水平下显著。

4.3 稳健性检验

本文用R&D支出的对数作为企业创新的替代度量，同时排除所有缺失研发值的公司样本来重新进行我们的基础回归。回归结果如表7所示。

我们从表 7 中可以看出，ATP 系数估计值为负数且在 1% 显著水平下显著，表明反收购条款导致研发投资减少。因此，利用研发投资指标来衡量创新并不会改变企业设置反收购条款与创新之间的关系，结果依然稳健。

表 7 反收购条款与创新能力和公司价值稳健性检验回归结果

解释变量	ln（R&D）	Tobin's Q
ATP	−0.175***	−0.479***
	(0.000)	(0.000)
lnR&D		−0.024
		(0.021)
lnAssets	0.473***	0.157***
	(0.000)	(0.000)
ROA	0.395**	1.717***
	(0.018)	(0.000)
R&D/Assets	19.150***	1.245**
	(0.000)	(0.012)
PPE/Assets	0.086*	−0.604***
	(0.083)	(0.000)
Leverage	−0.210***	−0.055
	(0.000)	(0.027)
CapExp/Assets	0.071	0.682*
	(0.065)	(0.055)
Herfindahl	−0.395	−4.104***
	(0.020)	(0.000)
Tobin's Q	−0.005	
	(0.021)	
常数项	6.440***	6.152***
	(0.000)	(0.000)
年份—固定效应	Yes	Yes
公司—固定效应	Yes	Yes
样本数	17642	17642
R^2	0.581	0.265

注：括号内为估计量 p 值。*、**和***分别表示在 10%、5% 和 1% 显著性水平下显著。

5. 结论与建议

本文手工统计反收购条款数量，并用专利数量作为创新能力的替代变量，采用 OLS 回归的方法检验反收购条款对企业创新能力的影响。结果表明，在公司章程中增设反收购条款与公司在创新中的表现呈负相关，即反收购条款增多，企业创新能力降低。本文同时探讨了在股权集中度和行业异质性的作用下，反收购条款对创新效应的横截面差异。结果显示，在股权集中度较高的公司，反收购条款对专利数量的负面影响增大，反之，在股权较为分散的公司，反收购条款对创新的抑制能力减小；且对于专利授权较困难的行业，反收购条款对其创新能力的负向影响也将被削弱。本文选择 R&D 支出替代专利数量作为创新能力的度量进行回归，结果依然稳健。

本文研究发现反收购条款对专利产出具有抑制效果，但为防止所谓的"野蛮人"入侵，近年来我国仍有数百家上市公司修改公司章程，引入反收购条款。当前我国还没有完备的法律体系对反收购制度进行规范，章程中反收购条款的合法性仍然备受争议。因此我们建议：(1) 上市公司设置反收购条款应执行适当性原则，审视条款设计的合法性与合理性，从而避免人为地固化利益，既影响企业创新进程又破坏公司治理结构。(2) 对高新技术企业发展可以适当加强其控制权，允许设置一些反收购条款。本文研究表明对于股权较为分散的企业和高科技产业，反收购条款对企业创新能力抑制作用削弱，所以适当的反收购条款一方面可以抵挡恶意收购对公司治理结构与价值的破坏，另一方面可以加强研发创新，促进企业发展和社会进步。

参考文献

[1] 陈玉罡，石芳. 反收购条款、并购概率与公司价值 [J]. 会计研究，2014 (2)：34 – 40, 94.

[2] 李善民，许金花，张东，陈玉罡. 公司章程设立的反收购条款能保护中小投资者利益吗——基于我国 A 股上市公司的经验证据 [J]. 南开管理评论，2016, 19 (4)：49 – 62.

[3] 王欢，林艳. 中小投资者保护对企业价值的影响研究——基于企业生命周期视角 [J]. 会计之友，2014 (14)：60 – 63.

[4] 左晶晶，唐跃军，眭悦. 第二类代理问题、大股东制衡与公司创新投资 [J]. 财经研究，2013, 39 (4)：38 – 47.

[5] A Shleifer, LH Summers. *Breach of Trust in Hostile Takeovers* [J]. Social Sci-

ence Electronic Publishing, 1987, 11 (1).

[6] Amit Seru. *Firm Boundaries Matter: Evidence from Conglomerates and R&D Activity* [J]. Journal of Financial Economics, 2014, 111 (2): 381 –405.

[7] Atreya Chakraborty, Zaur Rzakhanov, Shahbaz Sheikh. *Anti – takeover Provisions, Managerial Entrenchment and Firm Innovation* [J]. Journal of Economics and Business, 2014 (72): 30 –43.

[8] Bebchuk, L, A. Cohen. *The Costs of Entrenched Boards* [J]. Journal of Financial Economics, 2005, 78 (2): 409 –433.

[9] Bilal Al Dah, Amir Michael, Rob Dixon. *Anti – takeover Provisions and CEO Monetary Benefits: Revisiting the E – index* [J]. Research in International Business and Finance, 2017 (42): 992 –1004.

[10] Core, J., W. Guay, and T. Rusticus. *Does Weak Governance Cause Weak Stock Returns? An Examination of Firm Operating Performance and Investors Expectations* [J]. Journal of Finance, 2006 (61): 655 –687.

[11] Gompers. P, Ishii. J and Metrick. A. *Corporate Governance and Equity Price* [J]. Quarterly Journal of Economics, 2003 (118): 107 –155.

[12] Grossman, S, O. Hart. *One Share – One Vote and the Market for Corporate Control* [J]. Journal of Financial Economics, 1987, 20 (1 –2): 175 –202.

[13] Harris, M, A. Raviv. *Corporate Governance: Voting Rights and Majority Rules* [J]. Journal of Financial Economics. 1988, 20 (1): 203 –235.

[14] Harris, M, A. Raviv. *The Design of Securities* [J]. Journal of Financial Economics, 1989, 24 (2): 255 –287.

[15] Holmstrom, B. *Agency Costs and Innovation* [J]. Journal of Economic Behavior and Organization, 1989, 12 (2): 305 –327.

[16] James M. Mahoney, Chamu Sundaramurthy, Joseph T. Mahoney. *The Effects of Corporate Anti – takeover Provisions on Long – term Investment: Empirical Evidence* [J]. Managerial and Decision Economics, 1997, 18 (5): 349 –365.

[17] Jannine Poletti Hughes. *Corporate Value, Ultimate Control and Law Protection for Investors in Western Europe* [J]. Management Accounting Research, 2009, 20 (1): 41 –52.

[18] Johnson, M, R. Rao. *The Impact of Antitakeover Amendments on Corporate Financial Performance* [J]. The Financial Review, 2010, 32 (4): 659 –690.

[19] Julian Atanassov. *Do Hostile Takeovers Stifle Innovation? Evidence from Antitakeover Legislation and Corporate Patenting* [J]. The Journal of Finance, 2013, 68 (3): 1097 –1131.

[20] Manne, H. *Mergers and the market for corporate control* [J]. Joumal of Politi-

cal Economy, 1965 (73): 110 – 120.

[21] Manso, G. *Motivating Innovation* [J]. Journal of Finance, 2011, 66 (5): 1823 – 1860.

[22] Mark Humphery Jenner. *Takeover Defenses, Innovation, and Value Creation: Evidence from Acquisition Decisions* [J]. Strategic Management Journal, 2013, 35 (5): 668 – 690.

[23] Meulbroek, L, M. Litchell, H. Mulherin, J. Netter, and A. Poulsen. *Shark Repellents and Managerial Myopia: An Empirical Test* [J]. Journal of Political Economy, 1990 (98): 1108 – 1117.

[24] Pagh. W, D. Page, J. Jahera. *Antitakeover Charter Amendment: Effects on Corporate Decisions* [J]. Journal of Financial Research, 1992, 15 (1): 57 – 67.

[25] Philippe Aghion, John Van Reenen and Luigi Zingales. *Innovation and Institutional Ownership* [J]. The American Economic Review, 2013, 103 (1): 277 – 304.

[26] Stein, Jeremy. *Takeover Threats and Managerial Myopia* [J]. Journal of Political Economy, 1988, 96 (1): 61 – 80.

[27] Straska, M., G, Waller. *Do Antitakeover Provisions Harm Shareholders?* [J]. Journal of Corporate Finance, 2010, 16 (4): 487 – 497.

[28] Thomas J. Chemmanur and Xuan Tian. *Do Antitakeover Provisions Spur Corporate Innovation? A Regression Discontinuity Analysis* [J]. Journal of Financial and Quantitative Analysis, 2018, 53 (3): 1163 – 1194.

The Impact of Antitakeover Provisions on Corporate Innovation: Empirical Evidence from China's Listed Companies

Yang Liuyong, Zheng Xintong

Abstract Under the unique ownership structure and governance mechanism in China, will the Antitakeover provisions not only stabilize the shareholder structure, but also affect the innovation ability of the listed companies? With the dificiency of related data, we manually collect the 1734 terms of antitakeover provisions, and select the panel data of A – share listed companies from 2007 to 2017 to conduct empirical research. The results indicate that adding antitakeover provisions to the company's articles of association is negatively related to the company's performance in innovation. That is, as the number of antitakeover provisions increases, the ability of the innovation of the company is reduced; meanwhile in those companies with more dispersed ownership, the adverse effect of antitakeover provisions on the number of patents has been weakened. Moreover, for those industries where patent licensing is difficult, the negative impact of antitakeover provisions on their innovation ability will be weakened because the pressure of capital market can restrain the moral hazard of management. Then we use the method of selecting surrogate variables to conduct robustness tests. We select R&D expenditures to replace the number of patents as a measure of innovation capability. The results are still robust. Finally, we get some policy suggestions.

Keywords Antitakeover Provisions　　Corporate Innovation　　Managerial Entrenchment　　Ownership Structure

股权结构对公司业绩稳定性的影响研究*
——以实际控制人特征为视角

杨安华[①] 李 俏[②]

摘 要 本文在对股权结构、管理层权力强度对公司业绩稳定性的影响研究中加入实际控制人这一特质,对比分析了"有主""无主"公司业绩稳定性表现差异,以及实际控制人对于股权集中度、管理层权力强度对公司业绩稳定性的调节作用。研究发现,我国资本市场及公司治理模式属于典型的"权力"模式,从实际控制人的视角来看,实际控制人拥有更高所有权比例更有利于公司平稳运行;从股权结构来看,控股股东持股比例越高公司发展稳定性越好;从管理层来看,管理层越"强势"公司发展稳定性越好,而极度分散的股权结构、缺乏实际控制人、"弱势"的管理层并不能保证公司的平稳运行。同时本文研究发现"无主"公司中,控股股东对公司业绩稳定性的正面影响较"有主"公司大。

关键词 实际控制人 控股股东 管理层权力强度 业绩稳定性

1. 引 言

在公司治理研究领域,早在 1999 年 La Porta 等就将研究视角引流至公司终极股东之上,通过研究 27 个富有国家的大规模公司所有权结构,提出若要分辨公司股权结构与控制特征,只关注控股股东是不全面的,溯及背后真实"终极控制者"才是关键,自此掀起对实际控制人的研究热潮,而后来关注热度也从来未曾降温过。

对我国而言,实际控制人的研究更显独特价值。中国资本市场自诞生以来,由于独特的政治、文化情缘,呈现着"一股独大"的典型特点,因此正如曹廷求等(2003)所指出的那样,大股东是我国目前也是未来长期在公司治理领域必须关注的重要议题,尽管褒贬各有,但大股东在公司治理中的地位却是无人可撼动的,在中国,尽管不是唯一形式,但实际控制人常以"终极控股股

---

* 本文是四川省软科学项目"四川省现代金融产业发展战略研究:模式选择与技术路线"(项目号:2016ZR0144)阶段性成果。

① 杨安华,男,四川大学商学院副教授,四川大学中国科技金融研究中心、科技金融与数理金融四川省重点实验室研究员,研究方向为公司金融、科技金融,邮箱:yanganhua@scu.edu.cn。

② 李俏,女,四川大学商学院公司金融硕士研究生,研究方向为企业微观金融决策,邮箱:maybe.mlng@qq.com。

东"的形态出现，这类以所有权为基础的实际控制人往往显得更为强势。

基于我国资本市场不甚完善的现实情形，控股股东之类的实际控制人虽然有嫌疑对中小股东利益造成侵害，但是总体来说，其对公司的积极作用仍占主导地位，同时，随着资本市场化水平的提升，一些"另类"的股权结构分散的"无主"公司开始涌现，2015年万科的股权争夺战更是将这类公司推到各资本市场主体关注的"聚光灯"下，如伊利股份、四环生物。

其实在美国，这种"无主"公司并不另类，反而在业绩和治理方面有着优异的表现，说明其本身是一种经得起验证的成熟股权结构与治理模式，为何在中国却遭遇不同境遇，甚至无实际控制人已经被看做是一种治理风险，在IPO过程中被要求需要进行相关说明？其实，这类公司的表现是否更"差"并未得到证实，只不过由于实际控制人缺失导致外部恶意收购者的觊觎，以及内部治理更不易统一股东意见而可能导致的低效率问题，都使人们"怀疑"，这类公司与我国"主流"的股权结构集中的公司相比，发展更加举步维艰。正因为各方虽不看好这类公司，但相关文献却缺少实证研究，因此，相关研究十分紧急和必要。同时，对于这类"无主"公司，经营者和股东的代理冲突成为首要问题，因此，在这类"无主"公司中，管理层特征的研究也十分稀缺和重要。

本文从股权结构理论和委托代理理论出发，探讨在我国"一股独大"的背景下究竟股东、实际控制人对于公司是通过利益协同效应促进公司发展或是通过利益侵占效应损害公司，也可以简称之"无主"公司与"有主"公司究竟哪一个发展更为稳定。本文以实际控制人为介质，研究在"无主"与"有主"两类公司中，控股股东持股、管理层权力强度对公司业绩稳定性的影响差异。

2. 文献回顾

2.1 股权结构、管理层权力强度与公司治理

科学有效的股权结构可以通过董事会等控制机制提高公司治理效率与水平，因此股权结构与代理冲突的研究一直密不可分。Berle和Means（1932）对股权分散结构和基于此得出的两权分离理论进行研究，而后海量"管理主义"（Managerial-ist）文献产生。契约具有不完备性，管理者会产生道德风险，他们会以侵害公司利益的方式为自己谋取私利，基于这种视角的研究范式持续了许久，直到20世纪后期，才开始出现些许另类视角。Shleifer及Vishny（1988）提出经典理论，把视角转至集中股权结构，众所周知，股权分散的情形下经营者内部人控制问题严重，拥有控股股东可以有效解决这种情形。同时，他们发现纵然在美国大型公司里分散股权结构是主流，但也有一定程度的股权集中。

La Porta 等（1999）分析世界 27 个经济发达国家的大型企业股权结构时，发现这些企业并非 Berle 和 Means 结论下那样的高度分散股权结构，反而存在处于主导地位的控股股东。

国内外对于股权结构与公司业绩的相关研究成果主要有：

正相关论。主要从利益协同、有效监管的角度来看，在股权结构集中时，因为股权归于公司少数大股东手中，同时其收益和公司经营绩效直接挂钩，而且与中小股东相比，大股东们在信息获取、控制经营等方面具有很大的优势，因而他们有动力对公司管理层实施监督约束行为，进而提升公司治理效率。国外代表观点有：Berle 和 Means（1932）认为股权分散时，企业管理层并未拥有股权，此时，管理层会为获得个人利益最大化而侵害股东利益，因此无法使企业的价值达到最大，业绩达到最优，因此股权集中反而有利于企业业绩提升；Jensen 及 Meckling（1976）通过对内部持股与公司表现的理论分析认为，内部持股比例与公司价值正相关；Claessens（1997）分析认为股权集中度越高，公司盈利能力越强，盈利水平越高；Shleifer 和 Vishny（1997）研究得出股权集中度会提高公司绩效，原因是它可以提高大股东对经营者的监督水平并且消除小股东"搭便车"问题。Pedersen 及 Thomsen（1999）通过对欧洲 435 家企业进行考察分析，也认为企业的股权集中度和其绩效显著正相关。

国内的研究结果主要有：刘运国等（2007）通过实证得出了适度股权集中的公司表现明显好于股权分散的公司的结论；以及其他学者如安烨、钟廷勇（2011），徐莉萍、辛宇、陈工孟（2006），何慧（2014）等。

负相关论。很明显，在股权分散的情况下，各个股东拥有的股份份额相近且很少，特别是在中国资本市场，这种拥有很少持股比例的股东恰恰为倾向于短期投机的投资者，正因为如此，他们更加缺乏动力参与公司治理，对公司管理层更是漠不关心，因此对管理层的监控力度十分微弱，导致管理层可以基于所掌握的控制权并且利用信息不对称的特点侵害股东利益，把资金投资到更有利于自己的地方，影响公司发展。持有这种观点的学者如朱红军、汪辉（2004），吴斌、黄明峰（2011）。暂未发现国外有持此结论的学者。

不相关论。国外有诸多学者通过对股权结构与企业价值的实证研究得出两者并不相关的结论。如 Demsetz Lehn（1985）实证并未发现两者之间存在显著关系；Mallette 和 Fowler（2007）同样得出此结论。国内朱武祥、宋勇（2001）也得出了两者不相关的结论。

除此之外，关于股权结构与公司绩效的实证研究结果还有 U 形论（白重恩等，2005；陈德萍等，2011）、倒 U 形论（McConnell and Servaes，1990；Shleifer and Vishny，1997；吴淑琨，2002；杜莹、刘立国，2002）。

管理者肩负着战略决策、资源分配以及经营运作相关职责，对企业表现有着非常关键的影响。

国外研究结果主要有：Cirillo 等认为，管理者权力大小会对企业绩效发挥重要作用。Finkelstein 研究发现 CEO 权力对公司战略决策发挥着难以估量的影响，权力本身也是公司经营中的关键因素。因此管理者权力强度会对公司业绩表现及稳定发展产生很大影响，但是目前对于 CEO 权力如何影响公司绩效仍说法不一。Finkelstein（1992）首创性地把管理者权力分解为结构权力、所有权权力、专家权力和声望权力，描绘出管理者权力的基本研究路线。后来有关管理者权力与企业绩效的实证研究大多遵循了这一框架，同时，最受到关注的维度为结构权力和所有权权力。其他学者如 Adams 等从群体决策和资源依赖的角度分析管理者对企业绩效的影响。

在国内文献中，张祥建等分别从 Adams 分析的两个维度理论分析 CEO 权力大小对企业经营绩效的影响。群体决策视角以决策行为为起点，研究得出 CEO 权力强度和公司绩效的波动性显著正相关；资源依赖视角研究得出结论，CEO 权力对公司表现有正向促进作用，这是资源配置等因素的结果。

2.2　实际控制人相关理论

从实际控制人控制特征研究角度来看，国外主要研究文献有：Lopez – de – Silanes、La Porta 等（2002）研究发现实际控制人所有权比例和企业价值正相关。Johnson（2000）等认为在股权结构集中的情形下，实际控制人更有可能基于所拥有的控制权实行资产转移行为。Claessens 等（2000，2002）研究得出结论，实际控制人提高所有权比例对于提升公司价值有正面促进作用，但是两权分离对公司价值有负面作用。Friedman 等（2003）建立了动态模型，研究发现实际控制人掏空侵害公司只是一方面，实际控制人也会支持公司发展。Fan 和 Wong（2002）及 Francis 等（2005）发现，两权分离会使控股股东倾向披露自利信息。Jian 和 Wong（2010）实证检验了实际控制人在自身隐藏公司坏消息期间，为了自身利益也会被迫通过关联交易给公司支持，而此类支持行为在国有企业里更为常见。从实际控制人个体特征研究角度来看，国内研究较为丰富：如叶彬等（2014）实证得出了实际控制人的个人特征（如年龄、学历）与公司财务风险的正相关关系；男性实际控制人对于控制企业财务风险更有优势。竺素娥（2015）分析了实际控制人特征对企业过度扩张的影响。

3. 研究假设

3.1　"有主"与"无主"公司孰优孰劣

从"无主"对公司的影响来看，实际控制人缺位会对公司内部治理产生负面作用，因为（1）分散的股权结构会导致各个股东不愿积极参与公司治理，也缺乏动力提升公司价值，致使内部治理系统低效；（2）可能会产生股东意见无法统一，从而降低治理及决策效率；从实际控制人本身来看，其对于公司战略、经营的长期一致性具有影响，会使公司的各项政策、发展方向保持一贯性；（3）会产生"强管理层，弱股东"的局面，致使管理层掌握控制权，对管理层缺少有效监控，进而导致内部人侵害公司利益的问题；同时，缺乏实际控制人的分散股权结构也不利于公司外部的稳定，极易招致"野蛮人"的觊觎，各种恶意资本妄图入主，导致股权争夺战频发，使公司正常经营活动受到影响；（4）从社会连带和资源提供来看，实际控制人的社会及政治资源会为公司发展提供支持，万科、爱建都是很好的实例。也可以看到监管部门甚至将无控制人看作一项治理风险。因此，实际控制人从以上方面来看会对公司发展稳定性有利。

综合来看，"无主"对于外部投资者的福音更多而非公司本身，同时结合国内资本市场不完善与公司治理水平低下的背景，本文认为无实际控制人的公司相对于有实际控制人的公司业绩波动性更大，并据此提出假设 H1。

H1：有实际控制人的公司比无实际控制人的公司业绩波动性更小。

3.2 控股股东与公司业绩

公司治理中，大股东对公司既有负面效应又有正面效应。负面效应：如 Grossman 及 Hart（1988）、Johnson 等（2000）发现大股东的存在也对公司有着负面效应即掏空效应，他们通过所拥有的控制权掏空公司（Tunneling）以谋取私利。正面效应为利益协同效应：Shleifer 和 Vishny（1986）发现基于这种利益一致效应，他们会乐意收集信息并监管管理层，并有相应强大的控制权对管理层施加压力，从而有效发挥积极作用。Kaplan 和 Minton（1994）研究得出，大股东的存在有利于促进董事会变革；Gorton 和 Schmid（1996）也发现银行的高占股对其业绩改善有利。Shleifer 及 Vishny（1997）得出结论，若大股东拥有绝对控股地位从而获得对于企业及管理层的非常控制力，则代理人问题便迎刃而解。

我国存在"一股独大"特征，公司股权结构集中，尽管可能存在大股东为了自身利益最大化发生"掏空"行为，但利益协同效用仍位居主导地位，因为，可以认为当控股股东持股份额达到一定程度时，大股东在上市公司中占的利益很大，以侵占中小股东利益而获取私利的程度减弱，结合我国"一股独大"资本市场背景以及"权力""责任"社会文化背景，更容易形成"利益协同效应"，降低公司发展波动风险。基于以上分析提出假设 H2。

H2：控股股东持股比例越高，公司业绩波动性越小。

3.3 管理层权力强度与公司业绩

管理者对于公司业绩影响的机理主要有利益协同效应和壕沟防御效应。依据评述结果，国外研究文献多数认为高管持股与企业价值呈非线性关系。Morck、Shleifer 和 Vishny 研究定量化发现这种非线性关系的临界点是 5% 及 25%，处于两端时，利益协同效应更明显，而在中间时，壕沟防御效应为主要结果。Short 和 Keasey 也得出了类似的结论。在我国股权结构集中的背景下，公司普遍拥有实际控制人，其最终决策权掌控在控制人手中，而管理层不仅控制权弱小而且会受到控制人的有效监督而无法做出损害公司利益的行为，此时管理层权力强度增加而导致的负面效应"壕沟防御"已经被有效控制，而依赖社会连带资源带来的正面效应却依然存在，因此，也更体现出明显的利益协同效应，管理层权力强度对公司业绩稳定性有正向促进作用。并据此提出假设 H3。

H3：管理层权力强度越高，公司业绩波动性越小。

3.4 实际控制人控制权与公司业绩

实际控制人现金流权代表着实际控制人能够从公司里得到的合法利益程度，因此，他们更愿意对公司发展进行支持，放弃公司反而成本更大。而两权分离则会导致两者之间的利益冲突更大。基于此提出假设 H4-a、H4-b。

H4-a：实际控制人所有权越高，业绩波动性越小；

H4-b：实际控制人两权分离度越高，业绩波动性越大。

3.5 实际控制人的调节作用

对于"无主"与"有主"公司，控股股东、管理层权力强度对公司业绩稳定性的影响有一定差异。"无主"公司股权分散，大股东"勤勉"地耗钱耗力进行公司治理而提高公司绩效时，获取的收益却只是以其持股份额得到的绩效增量（即现金流权收益），而剩余部分成为其他中小股东"搭便车"所获得的；已有研究认为大股东得到的超过现金流权收益部分的收益，是其通过剥削小股东而获取的非法收益，因此在"无主"公司中正因为上述"搭便车"行为的存在，控股股东持股比例略为提升，更有利于刺激其参与公司治理，有助于公司稳定发展。基于此，提出假设 H5。

H5：在缺少实际控制人的公司，控股股东持股比例提高对于公司业绩波动性的负向作用有所提升。

"无主"公司中，管理层的地位自然凸显，此时，由于掌握控制权以及缺少股东的有效监督，他们更容易产生"壕沟防御效应"而基于私利做出不利于公司利益的行为，同时也得不到有效管控。据此管理层权力强度此时对公司业绩稳定性的正面提升作用有所减弱。基于此，提出假设 H6。

H6：在缺少实际控制人的公司，管理层权力强度对于公司业绩波动性的负向作用有所减弱。

4. 研究设计与描述性统计

4.1 研究样本

鉴于 2014 年以后我国 A 股中"无主"公司数量开始超过 80 家，同时 2016 年 9 月 8 日修订的《上市公司重大资产重组管理办法》第十三条增加了一款对上市公司"控制权"的实质认定条件。因此为保证"无主"公司样本容量足够，选取 2014—2016 年连续 3 年公司实际控制人状态未发生变更的公司作为研究对象，基于本文的研究目的，为保证样本的纯正，根据需要剔除以下数据：

（1）删除 2014—2016 年公司实际控制人状况发生变更的公司；
（2）删除研究期间财务数据披露不全的公司，以及 ST、PT、*ST 类的上市公司；
（3）至 2016 年成立或上市时间不足 3 年的公司；
（4）剔除数据重复、重复值差别较大等数据异常的公司；

通过筛选，我们共得到 2326 个样本，其中无实际控制人的公司有 85 家，有实际控制人的公司有 2241 家。

4.2 变量定义

业绩稳定性：对于公司业绩稳定性，本文以业绩波动性水平来反映。本文借鉴 Adams（2005）、Cheng（2008）、李琳（2009）、权小锋和吴世农（2010），李琳、刘凤委和卢文彬等对于纵向业绩稳定性的研究方法将每个公司在连续 3 年间的业绩指标 Roa 求标准差来反映区间内的业绩稳定性水平，如此一来，每个公司都会形成一个区间的标准差观测值，模型以此标准差作为被解释变量，至于解释变量则取年度区间会对公司业绩波动性造成影响的各变量平均值。

实际控制人存在特征：公司存在实际控制人取 0，公司不存在实际控制人取 1；是否存在实际控制人按照公司年报披露设置，具体分辨依据以《上市公司收购管理办法》为准。

控股股东持股比例：取第一大股东持股比例与前 5 大股东持股比例。

实际控制人控制特征：反映实际控制人控制特征的变量，包括所有权、所有权与控制权的分离程度。

管理层权力强度：以 Power 表示。本文测量 CEO 权力强度参考 Finkelstein 的权力模型。设置四个维度的五个虚拟变量：①组织权力：董事长与总经理是否两职合一（0 = 连续 3 年未两职合一，1 = 1 年两职合一，2 = 2 年两职合一，3 = 连续 3 年两职合一）；②专家权力：CEO 是否具有高级职称（0 = 未拥有高级职称，1 = 拥有高级职称）；CEO 是否拥有高学历背景（0 = 未拥有高学历，1 = 拥有高学历）；③所有者权力：CEO 是否持股（0 = 未拥有股权，1 = 拥有股权）；④自主决策权力：独董比例与行业均值（0 = 低于行业均值，1 = 高于行业均值）。通过以上变量相加生成新变量 Power 衡量公司管理者的权力强度，Power 越大，意味着公司管理者权力越强。

因为公司业绩波动性也会受到其他因素的影响，所以本文在借鉴 Admas 等、Cheng 以及李琳等文献的基础上，选取合适的控制变量。

4.3 研究模型

为了检验 H1，我们采用模型（1）作为回归模型：

$$StdRoa = \alpha_0 + \alpha_1 Cont + Control + u \tag{1}$$

为了检验 H2，我们采用模型（2）作为回归模型：

$$StdRoa = \alpha_0 + \alpha_1 Cont + \alpha_2 shrcr1 + \alpha_3 shrcr2 + Control + u \tag{2}$$

为了检验 H3，我们采用模型（3）作为回归模型：

$$StdRoa = \alpha_0 + \alpha_1 Cont + \alpha_2 shrcr1 + \alpha_3 shrcr2 \\ + \alpha_4 Power + Control + u \tag{3}$$

为了检验 H4 - a、H4 - b，我们采用模型（4）作为回归模型：

$$StdRoa = \alpha_0 + \alpha_1 shrcr1 + \alpha_2 shrcr2 + \alpha_3 Power \\ + \alpha_4 Own + \alpha_5 Separation + Control + u \tag{4}$$

为了检验 H5，我们采用模型（5）作为回归模型：

$$StdRoa = \alpha_0 + \alpha_1 Cont + \alpha_2 shrcr1 + \alpha_3 Cont \times shrcr1 \\ + Control + u \tag{5}$$

为了检验 H6，我们采用模型（6）作为回归模型：

$$StdRoa = \alpha_0 + \alpha_1 Cont + \alpha_2 Power + \alpha_3 Cont \times Power + Control + u \tag{6}$$

$$Control = \alpha_1 Croa + \alpha_2 Lnsize + \alpha_3 Growth + \alpha_4 Lev + \alpha_5 Firmages \\ + \alpha_6 Boardsize + \alpha_7 Industry + \alpha_8 Soe$$

表1 变量定义表

变量类型	变量名称	变量符号	变量释义
被解释变量	业绩波动性	StdRoa	2014—2016年公司Roa标准差
解释变量	有无实际控制人	Cont	虚拟变量。当上市公司披露有实际控制人时Cont=0；无实际控制人时Cont=1
	股权集中度指标1	shrcr1	股权集中指标1－公司第一大股东持股比例
	股权集中度指标2	shrcr2	股权集中指标2－公司前5位大股东持股比例之和
	所有权比例	Own	现金流权
	两权分离度	Separation	控制权与所有权之间的差值
	管理层权力强度	Power	根据四个维度的虚拟变量相加生成的新变量Power衡量公司管理者的权力强度
控制变量	Roa	Croa	当期总资产收益率。净利润/总资产
	公司规模	Lnsize	公司总资产的自然对数
	公司成长性	Growth	公司成长性指标。年度销售收入增长率
	资产负债率	Lev	资产负债率指标。总负债/总资产
	公司性质	Soe	公司所有权性质虚拟变量。国有企业=1，非国有企业=0
	上市公司成立年限	Firmages	上市公司成立到样本考查年的年数
	董事会规模	Boardsize	以董事会人数的自然对数表示
	行业	Industry	0=金融，1=公用事业，2=房地产，3=综合，4=工业，5=商业

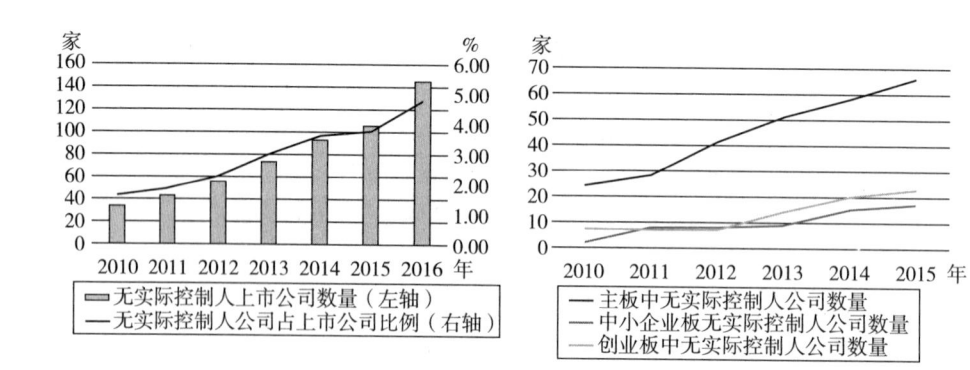

图1 2010—2016年"无主"公司增长情况

4.4 描述性统计

图 1 显示了 2010—2016 年无实际控制人公司的数量、在所有上市公司中的比重以及 2010—2015 年无实际控制人公司在主板、中小企业板、创业板上市公司中的数量分布，从图中可以发现，2010 年以后市场中无实际控制人的上市公司数量越来越多，5 年内从 33 家增至 106 家，数量增长 2 倍多，同时在主板、中小板、创业板所占比重也越来越大，说明这类公司在市场中的地位越来越重要，本文的研究也十分有现实价值。

表 2 主要变量描述性统计

cont	mean	Sd	p50	min	max	mean	Sd	p50	min	max
	Cont = 0（有）					Cont = 1（无）				
StdRoa	0.03	0.09	0.01	0.00	4.11	0.03	0.08	0.01	0.00	0.53
shrcr1	0.35	0.14	0.33	0.05	0.86	0.22	0.12	0.18	0.05	0.49
shrcr2	0.52	0.14	0.52	0.12	0.98	0.45	0.18	0.43	0.14	0.96
Power	2.09	1.62	2.00	0.00	7.00	2.36	1.59	2.00	0.00	7.00
Roa	0.04	0.17	0.03	−0.54	7.25	0.02	0.12	0.03	−0.78	0.21
insize	22.35	1.32	22.14	17.7	30.56	23.62	2.67	22.68	19.75	30.74
Growth	0.45	3.55	0.10	−0.52	120.88	0.20	0.31	0.12	−0.38	1.79
Lev	0.44	0.20	0.43	0.03	1.03	0.53	0.26	0.53	0.04	0.94
Firmages	17.68	5.29	17.0	5.00	38.00	18.93	6.02	19.0	6.00	32.00
Boardsize	8.61	1.65	9.00	4.67	17.00	9.94	3.11	9.00	5.00	18.33
Meanroa	0.04	0.07	0.03	−0.23	2.50	0.03	0.06	0.03	−0.21	0.20
Own	33.38	15.97	32.15	0.00	86.39	—	—	—	—	—
Separation	4.96	7.35	0.01	0.00	37.02	—	—	—	—	—

通过对全样本的分组描述性统计可以看出，"有主"公司与"无主"公司相比，股权集中度更高，业绩波动平均值无差别，但其业绩波动最大值差别很大；从业绩表现来看，"无主"公司业绩表现平均值要略差于"有主"公司；"无主"公司平均规模、资产负债率、成立年限、上市年限、董事规模、管理层权力强度略大于"有主"公司，这可能与"无主"公司多集中于金融、工业这类资金规模较大的行业有关。

5. 实证结果分析

5.1 多元回归实证结果

通过以上 T 检验我们初步了解了实际控制人对公司业绩表现的影响，下面通过 OLS 多元回归模型来进行进一步的深入研究。

回归结果见附件 2。

通过以上 OLS 模型回归结果可以得到以下结论：

结论 1："有主"公司比"无主"公司发展更稳定。

回归结果较好地印证了前文的研究假设。从是否存在实际控制人对于公司业绩波动性的影响来看，Cont 变量在业绩纵向波动性模型中，都在 1% 的显著水平下与业绩波动性被解释变量正相关，意味着无实际控制人（Cont = 1）的公司波动性大，而有实际控制人的公司业绩波动性更小，有实际控制人的公司发展更为稳定，很好地印证了 H1。尽管在美国等发达国家，股权分散的公司表现一样优异，但是在中国长期股权结构集中的治理背景以及中国"权力"社会下，实际控制人的存在对公司稳定性仍具有积极意义。

结论 2：控股股东持股比例越高，越有利于公司稳定发展。

根据回归结果，第一大股东的持股比例越高，和前文理论分析中利益协同效应导致的结果一致，在 1% 显著水平下与公司业绩标准差负相关，会对公司业绩稳定性产生正面促进作用，但前 5 大股东的持股比例却未得到显著相关关系。结果能够较为有效地印证了 H2。

结论 3："强权"管理层更有利于公司稳定发展。

本文的模型（3）研究了在总体样本中管理层权力强度对于公司纵向业绩波动性的影响。在总体样本中，管理层权力强度和公司业绩波动性呈负相关关系，即公司管理层越"强势"，公司发展越稳定，管理者对于公司的有力支持远大于其对于公司的利益侵占效应。也有效地印证了 H3。

结论 4：实际控制人多"持股"有利于公司稳定发展。

模型（4）研究了在有实际控制人的公司中实际控制人股权结构与公司业绩波动性的关系，从回归结果可以看出，实际控制人所有权与公司纵向业绩波动性在 5% 显著水平下呈负相关关系，即实际控制人所有权越高，公司纵向业绩波动性越小，发展更为稳定，和 H4 - a 相一致；而实际控制人所有权与控制权的两权分离度也与公司纵向业绩波动性在 5% 显著水平下呈负相关关系，即实际控制人两权分离度越高，公司纵向业绩波动性越小，发展更为稳定，这一结论与 H4 - b 相悖，值得分析背后的原因。

结论 5：股权集中度对于实际控制人对公司业绩波动性的影响具有负向调节作用。

根据回归结果，第一大股东持股比例与实际控制人变量的交乘项对公司业绩波动性在 5% 显著水平下负相关；管理层权力强度与公司业绩波动性负相关，而管理层权力强度与实际控制人变量的交乘项对公司业绩波动性有负面影响，但在统计结果上并不显著。一定程度上说明在缺少实际控制人的公司，控股股东持股比例对公司业绩波动性的负向作用（业绩稳定性的正向影响）较有实际控制人的公司大，即控股股东持股比例越高，业绩波动性越小，业绩越稳定。这与 H5 所述一致。

总体来说，尽管对于实际控制人视角下股权结构、管理层权力强度、实际控制人控制特征的研究结果存在不同的结论，但是在中国股权集中、家族企业多、"权力"社会特色明显的背景下，强势的大股东、实际控制人、管理层对于中国公司目前的稳定发展仍是必不可少的，对外首先可以有效地为企业提供与整合社会及政治资源，其次将一些觊觎公司的"野蛮人"拒之门外；对内可以提高公司决策效率，提升公司内部凝聚力。但是这种模式的长期存在是对公司治理以及资本市场稳定发展存在弊害的，在国外"大放光彩"的分散股权式的无实际控制人治理模式却在中国发展受制，背后错综复杂的原因值得我们深思。

5.2 稳健性检验

本文为了对实际控制人对公司业绩波动性影响回归结果进行稳健性检验，对于需要替换的被解释变量采用 Glejser（1969）的 Heteroskedasticity Tests 方法，通过两阶段回归方法进行。首先将业绩水平的指标 Roa 和影响业绩的指标各进行 OLS 回归，预测业绩水平进而求得残差 $\hat{u}$，残差 $\hat{u}$ 的绝对值越大，表示业绩离散度也越大，因为业绩离散度的含义即为业绩偏离正常水平的幅度。接着我们对其求绝对值，按照以下模型回归分析实际控制人对公司业绩离散度的功能。

以下以模型（1）为例，其余模型除被解释变量更改为 $|\hat{u}|$ 外，其他保持不变。

$$Roa = \alpha_0 + \alpha_1 Cont + \alpha_2 Shrcr1 + \alpha_3 Shrcr2 + \alpha_4 Power \\ + \alpha_5 Own + \alpha_6 Separation + Control + \hat{u}$$

$$Control = \alpha_1 Croa + \alpha_2 Lnsize + \alpha_3 Growth + \alpha_4 Lev + \alpha_5 Firmages \\ + \alpha_6 Boardsize + \alpha_7 Industry + \alpha_8 Soe$$

$$|\hat{u}| = a + B(Cont, controlvariables) + e \ [以模型(1)为例]$$

回归结果见附件 2。

可以看出，将业绩稳定性指标更换为横向业绩稳定性指标后，Cont 变量与其依然显著相关，且结论与前文回归模型结果保持一致，有实际控制人的业绩稳定性表现更好，同时除了以下结果值得观察外，其他结论均与之前模型回归结果一致，从而可再次验证本文结论的正确性。不一致的地方主要包括：（1）管理层权力强度回归结果不显著，但作用方向一致；（2）值得注意的是，模型（6）在前述实证结果中未显著有效地印证 H6，但在稳健性检验结果中，得到与原假设相反的结论，管理层权力强度与实际控制人的交乘项与公司业绩波动水平负相关，说明在缺少实际控制人的公司，管理层权力强度对于公司业绩稳定性的正向作用较有实际控制人公司大，这背后的原因值得深思；（3）前 5 大股东的持股比例与公司业绩波动性显著正相关，这和第一大股东显著与公司业绩波动性负相关的结果相反，说明可能此时由于股东较多，利益协同效应消失，反而"隧道行为"的可能性增大。

前面部分的实证分析，在模型（1）中，有实际控制人公司的样本数量（2241 家）与无实际控制人公司的样本数量（85 家）相差过大，公司业绩波动性的差异可能由样本内部其他因素导致，为保证结果的合理性，解决"自选择"问题，本文采用 PSM 倾向得分法对无实际控制人公司样本按控制变量进行有效样本配对再进行回归对比，这种方法可以有效弥补旧有方法的不足。

本文 PSM 检验结果如表 3 所示。

表 3　PSM 结果

Variable	Sample	Treated	Controls	Difference	S. E.	T – stat
StdRoa	Unmatched	0.032498859	0.028198019	0.00430084	0.010343305	0.42
	ATT	0.040013529	0.021232476	0.018781053	0.01076238	1.75

从 PSM 结果来看，无实际控制人公司与配对后的存在实际控制人公司在 Roa 标准差上仍存在显著差异，无实际控制人公司业绩波动性相对更大，将配对后的样本按照模型（1）进行多元回归，无实际控制人公司业绩波动性相对更大的结论仍然存在，在 5% 显著水平下显著，因此结果与前述实证结果一致。

6. 进一步讨论

尽管本文实证结果有效地证实了目前我国资本市场"一股独大"集中式股权、"强权式"管理模式更有利于公司稳定发展等一些结论，但并不代表分散股权结构、"民主式"管理模式本身比前种模式更差，反而它也是一种较为优秀的模式，本文通过整理有关理论认为，目前在我国市场分散股权结构、"民主式"管理模式表现更差的原因在于以下几点：（1）国内资本市场发展不完善，比如"入市"与"退市"制度。（2）国内公司整体治理水平低下，对于治理水平低的公司集中的股权结构与强力的实际控制人能够有效支撑公司发展。如果公司制度完善，那么，公司本身就算不依赖大股东及强势管理层也可以实现良好的自我运作。（3）契约精神和职业经理人制度发展完善程度不够。（4）披露信息失真。研究表明资本市场若缺乏相应完备的法律体系对各方利益保护的支撑，会导致大股东隧道挖掘效应变本加厉，从而稀释股票价格的信息含量，使该国资本市场的资源配置功能有效性大大弱化。因此，本身我们所得到的数据因为"一股独大"而使信息失真，可能这类公司披露的财务数据会比真实情况好一些。（5）国内机构投资者的不利导向。美国机构投资者以分散风险、改变投资组合、优化资产配置来提高投资收益，而对争取公司控制权并无兴趣，但国内机构却恰恰相反，会导致这些股权分散的公司的外部环境相对更险恶。

7. 研究结论

在我国"一股独大"及资本市场不完善的特殊背景下，实际控制人的存在对于公司的稳定发展具有重大意义。实际控制人对内能够有效监控，提高决策效率，提高企业凝聚力；对外能够使公司避免恶意收购者的干扰，从而专注于经营与管理；从资源获取的角度来说，往往实际控制人拥有丰厚的社会资源及政治资源，能够为公司稳定发展提供核心竞争优势。同时，控股股东持股比例越高，公司发展稳定性越好。控股股东持股比例达到一定程度时，大股东在上市公司中占的利益很大，通过对中小股东利益的侵占所获得的比例降低，结合我国"一股独大"资本市场背景以及"权力""责任"社会文化背景，更容易形成"利益协同效应"。在我国，强势管理者更能够促进公司稳定发展，正因为"一股独大"背景下，大股东对管理层能够有效监管，因此其侵害公司利益的"壕沟防御效应"得到有效遏制，但其本身的经验、知识以及带来的社会资源对企业稳定发展有正向促进作用。实际控制人所有权越大，公司发展稳定性越好。提高实际控制人所有权有着与提升控股股东持股比例相似的效应，更能够激发其与公司的利益协同作用，而在我国，实际控制人控制权中超出现金流权的部分（两权分离度）越高，也对公司业绩稳定性越好，实际控制人的利益侵占效应并不明显。最后，实际控制人对股权集中度对于公司业绩稳定性具有调节作用。"无主"公司中，控股股东持股比例对公司业绩波动性的负向作用（业绩稳定性的正向影响）较"有主"公司大。

总体来看，我国公司治理更体现出一种与"一股独大"特征契合的"强权式"管理模式，无论是从股权特征还是从管理力度来看，所谓"领导者"（控股股东、实际控制人、管理层）所有权越大，管理层权力强度越大，公司发展越稳定，与美国优秀公司治理、分散股权下的"民主化"管理模式截然不同，本文认为这与中国资本市场发展水平有关，与中国公司治理水平较低有关，也与中国独特的文化背景导致的心理作用有关。

附件1

附表1　OLS多元回归结果

	模型（1）	模型（2）	模型（3）	模型（4）	模型（5）	模型（6）
	StdRoa	StdRoa	StdRoa	StdRoa	StdRoa	StdRoa
Cont	0.026***	0.025***	0.025***		0.049***	0.034***
	(0.006)	(0.006)	(0.006)		(0.013)	(0.011)
shrcr1		−0.026**	−0.028**	−0.008	−0.012	
		(0.012)	(0.012)	(0.013)	(0.009)	
shrcr2		0.015	0.015	0.015		
		(0.012)	(0.012)	(0.012)		
Power			−0.002***	−0.002***		−0.002***
			(0.001)	(0.001)		(0.001)
Own				−0.000**		
				(0.000)		
Separation				−0.000*		
				(0.000)		
shrcr1 × Cont					−0.112**	
					(0.052)	
Power × Control						−0.002***
						(0.001)
Croa	0.459***	0.459***	0.459***	0.477***	0.459***	0.459***
	(0.007)	(0.007)	(0.006)	(0.007)	(0.007)	(0.007)
Lnsize	−0.017***	−0.017***	−0.017***	−0.015***	−0.016***	−0.017***
	(0.001)	(0.001)	(0.001)	(0.001)	(0.001)	(0.001)
Growth	0.002***	0.002***	0.002***	0.002***	0.002***	0.002***
	(0.000)	(0.000)	(0.000)	(0.000)	(0.000)	(0.000)
Lev	0.110***	0.110***	0.109***	0.101***	0.109***	0.109***
	(0.007)	(0.007)	(0.007)	(0.006)	(0.007)	(0.007)
Firmages	0.000	0.000	0.000	0.000	0.000	0.000
	(0.000)	(0.000)	(0.000)	(0.000)	(0.000)	(0.000)
Boardsize	−0.001	−0.001	−0.001*	−0.002***	−0.001	−0.001
	(0.001)	(0.001)	(0.001)	(0.001)	(0.001)	(0.001)
Industry	−0.002*	−0.001*	−0.001	−0.001*	−0.002*	−0.002*
	(0.001)	(0.001)	(0.001)	(0.001)	(0.001)	(0.001)
Soe	0.001	0.003	0.001	0.002	0.002	0.000
	(0.003)	(0.003)	(0.003)	(0.003)	(0.003)	(0.003)
_cons	0.344***	0.341***	0.348***	0.339***	0.338***	0.351***
	(0.022)	(0.022)	(0.022)	(0.022)	(0.022)	(0.022)
N	2326	2326	2326	2241	2326	2326
R^2	0.665	0.666	0.667	0.721	0.666	0.667

注：* $p<0.1$，** $p<0.05$，*** $p<0.01$。

附件2

附表2　稳定性检验多元回归结果

	模型（1）	模型（2）	模型（3）	模型（4）	模型（5）	模型（6）
	$|\hat{u}|$	$|\hat{u}|$	$|\hat{u}|$	$|\hat{u}|$	$|\hat{u}|$	$|\hat{u}|$
Cont	0.010***	0.012***	0.012***		0.023***	0.017***
	(0.003)	(0.003)	(0.003)		(0.006)	(0.005)
shrcr1		-0.009*	-0.009*	-0.000	-0.020***	
		(0.005)	(0.005)	(0.005)	(0.004)	
shrcr2		0.037***	0.037***	0.035***		
		(0.005)	(0.005)	(0.005)		
Power			-0.000	-0.000		-0.000
			(0.000)	(0.000)		(0.000)
Own				-0.000**		
				(0.000)		
Separation				-0.000**		
				(0.000)		
shrcr1×Cont					-0.049**	
					(0.023)	
Power×Control						-0.003*
						(0.002)
Croa	0.335***	0.334***	0.334***	0.346***	0.334***	0.335***
	(0.003)	(0.003)	(0.003)	(0.002)	(0.003)	(0.003)
Lnsize	-0.001	-0.002***	-0.002***	-0.001**	-0.001**	-0.001
	(0.000)	(0.000)	(0.000)	(0.000)	(0.000)	(0.000)
Growth	0.001***	0.001***	0.001***	0.001***	0.001***	0.001***
	(0.000)	(0.000)	(0.000)	(0.000)	(0.000)	(0.000)
Lev	-0.033***	-0.030***	-0.030***	-0.035***	-0.032***	-0.033***
	(0.003)	(0.003)	(0.003)	(0.002)	(0.003)	(0.003)
Firmages	0.000	0.000***	0.000***	0.000***	0.000**	0.000
	(0.000)	(0.000)	(0.000)	(0.000)	(0.000)	(0.000)
Boardsize	0.000	0.000	0.000	-0.000	0.000	0.000
	(0.000)	(0.000)	(0.000)	(0.000)	(0.000)	(0.000)
Industry	-0.002***	-0.002***	-0.002***	-0.002***	-0.002***	-0.002***
	(0.000)	(0.000)	(0.000)	(0.000)	(0.000)	(0.000)
Soe	-0.005***	-0.005***	-0.005***	-0.005***	-0.006***	-0.005***
	(0.001)	(0.001)	(0.001)	(0.001)	(0.001)	(0.001)
_cons	0.059***	0.068***	0.068***	0.053***	0.063***	0.060***
	(0.010)	(0.010)	(0.010)	(0.010)	(0.010)	(0.010)
N	2326	2326	2326	2241	2326	2326
R^2	0.847	0.851	0.851	0.904	0.849	0.847

注：* $p<0.1$，** $p<0.05$，*** $p<0.01$。

参考文献

[1] Rafael La Porta, Florencio Lopez – de – silanes and Andrei shleifer. *Corporate Ownership Around the world* [J]. Journal of finance, 1999 (54): 471 – 517.

[2] 曹廷求. 股权结构与公司绩效：度量方法与内生性 [J]. 经济研究, 2007, 10.

[3] Morck, R., A. Shleifer, R. W. Vishny. *Management Ownership and Market Valuation: An Empirical Analysis* [J]. Journal of Financial Economics, 1988, 20 (1/2): 293 – 315.

[4] Jensen M C, Meckling W H. *Theory of the Firm: Managerial Behavior, Agency Cost and Ownership Structure* [J]. Journal of Financial Economics, 1976 (3): 305 – 360.

[5] Claessens S., S. Djankov. *Managers, Incentives, and Corporate Performance: Evidence from the Czech Republic* [R]. World Bank: Working Paper, 1998.

[6] 刘运国, 高亚男. 我国上市公司股权制衡与公司业绩关系研究 [J]. 中山大学学报, 2007 (4): 102 – 108.

[7] 安烨, 钟廷勇. 股权集中度、股权制衡与公司绩效关联性研究——基于中国制造业上市公司的实证分析 [J]. 东北师大学报, 2011, (6): 46 – 52.

[8] 徐莉萍, 辛宇, 陈工孟. 股权集中度和股权制衡及其对公司经营绩效的影响 [J]. 经济研究, 2006 (1): 90 – 99.

[9] 何慧. 资本结构、股权结构与经营绩效——以河南省上市公司为例 [J]. 会计之友, 2014 (4): 97 – 100.

[10] 朱红军, 汪辉. 股权制衡可以改善公司治理吗？——宏智科技股份有限公司控制权之争的案例研究 [J]. 管理世界, 2004 (10): 114 – 140.

[11] 吴斌, 黄明峰. 股权集中度与风险投资企业绩效相关性研究——来自深市中小板市场的经验证据 [J]. 科技进步与对策, 2011, 28 (18): 80 – 84.

[12] 白重恩, 刘俏, 陆洲, 宋敏, 张俊喜. 中国上市公司治理结构的实证研究 [J]. 经济研究, 2005 (2).

[13] 李善民, 王德友, 朱滔. 控制权和所有权的分离与上市公司绩效 [J]. 中山大学学报（社会科学版）, 2006 (6).

[14] 谷祺, 邓德强, 路倩. 现金流权与控制权分离下的公司价值——基于我国家族上市公司的实证研究 [J]. 会计研究, 2006 (4).

[15] 徐向艺, 宋理升. 上市公司实际控制人与信息披露透明度研究 [J]. 经济管理, 2009 (10): 59 – 66.

[16] Fabrizio B., Macro B. *The Control of Corporate Europe* [M]. New York: Oxford University Press, 2000.

[17] Khanna T. *Business Groups and Social Welfare in Emerging Markets: Existing Evidence and Unanswered Questions* [J]. European Economic Review, 2000, 44 (4-6): 748-761.

[18] Chernykh, L. *Ultimate Ownership and Control in Russia* [J]. Journal of Financial Economics, 2008, 88 (1): 169-192.

[19] 竺素娥,胡瑛,郑晓婧. 实际控制人特征与企业过度扩张研究 [J]. 商业研究, 2015 (4): 106-112.

[20] Adams R B, Almeida H, Ferreira D. *Powerful CEOs and their impact on corporate performance* [J]. Review of Financial Studies, 2005, 18 (4): 1403-1432.

[21] Cirillo A, Romano M, Pennacchio L. *All the power in two hands: The role of CEOs in family IPOs* [J]. Euro-pean Management Journal, 2015, 33 (5): 392-406.

[22] Finkelstein S. *Power in top management teams: Dimensions, measurement, and validation* [J]. Academy of Management Journal, 1992, 35 (3): 505-538.

[23] 张祥建,徐晋,徐龙炳. 高管精英治理模式能够提升企业绩效吗？基于社会连带关系调节效应的研究 [J]. 经济研究, 2015 (3): 100-114.

[24] 权小锋,吴世农. CEO权力强度、信息披露质量与公司业绩波动性 [J]. 南开管理评论, 2010 (4): 142-153.

[25] 李琳,刘凤委,卢文彬. 基于公司业绩波动性的股权制衡治理效应研究 [J]. 管理世界, 2009 (5): 145-151.

[26] 苏坤. 管理层股权激励、风险承担与资本配置效率 [J]. 管理科学, 2015, 28 (3): 14-25.

[27] Benjamin Maury, Anete Pajuste. *Multiple controlling shareholders and firm value* [J]. Journal of banking and Finance, 2005 (29): 1813-1834.

[28] Claudio Loderer, Kenneth Martin. *Executive stock ownership and performance tracking faint traces* [J]. Journal of Financial Economics, 1997 (45): 223-255.

[29] Bebchuk, L. A., Fried, J. M.. *Executive Compensation as an Agency Problem* [J]. Journal of Economic Perspectives, 2008 (3): 71-92.

The Effect of Ownership Structure on Stability of Firms—From the Perspective of Actual controller

Yang Anhua, Li Qiao

Abstract　In this paper, firstly including the influence of the ownership structure and the power intensity of management on the stability of the company's performance, then Join the characteristic of actual controller. Through research and analysis, the paper concludes that China's capital market and corporate governance are typically models of power, from the perspective of ownership structure, the higher of the shareholding ratio of the controlling shareholder is, the better of the development stability of the company performs. From the perspective of actual controller, the actual controller has a higher proportion of ownership, which is more conducive to the smooth operation of the company. From the perspective of management, the more powerful the management behaves, the better the stability of the company performs, at the same time the paper finds when a company owns high concentration, lack of actual controller is better for stability of company.

Keywords　Actual controller　The controlling shareholder　Management power intensity　Stability of performance

银行业普惠金融：发展现状、存在问题与政策建议

赵 京 王 刚[①]

普惠金融概念来源于联合国和世界银行于 2005 年在国际小额信贷年（International Year of Microcredit）提出的"普惠金融体系"（Inclusive Financial System）这一新的金融发展概念。其基本含义是以微型金融为核心，为社会所有阶层和群体提供服务的金融体系，其宗旨是为中低收入人群和微型企业提供包括小额的信贷、保险、储蓄等在内的微型金融服务。在我国，普惠金融又称包容型金融或金融包容（Financial Inclusion），国务院在 2015 年 12 月 31 日印发的《推进普惠金融发展规划（2016—2020 年）》中，将其定义为"立足机会平等要求和商业可持续原则，以可负担的成本为有金融服务需求的社会各阶层和群体提供适当、有效的金融服务。"普惠金融强调金融服务的包容性、公平性和商业可持续性，经济转型发展时期，发展普惠金融成为国内银行业支持供给侧结构性改革、推进"补短板、惠民生"的重要渠道。

近年来，国务院层面以及金融监管机构高度重视普惠金融发展，多次出台政策措施完善普惠金融服务体系。伴随着"十三五"规划的逐步开展，普惠金融的战略地位越来越凸显，其关注度也越来越高。普惠金融的发展需要成熟的理论框架作为指导，本文在梳理银行业普惠金融政策的基础上，分析了银行业普惠金融的发展现状及存在的问题，进而给出完善普惠金融发展的政策建议，以期为我国普惠金融的健康发展提供理论参考。

1. 国内银行业普惠金融政策梳理

目前，世界上很多国家都开始推行普惠金融政策，从国家层面制定普惠金融发展战略成为一种趋势。如 G20、世界银行、普惠金融联盟（AFI）和各区域性发展银行等国际性组织都鼓励和推动各自的成员国在这方面做出实质性的进展。根据世界银行（WB）发布的《2014 年全球普惠金融发展报告》，世界银行已在全球 70 多个国家和地区开展普惠金融合作项目，50 多个国家和地区

[①] 赵京，银保监会《金融监管研究》编辑部高级编辑。王刚，国务院发展研究中心金融所银行研究室副主任，副研究员，高级经济师。本文仅代表作者个人学术观点，与所在单位无关。

设立了改进普惠金融目标。近年来,随着普惠金融在我国战略地位的凸显,国务院层面以及金融监管机构高度重视普惠金融发展,充分发挥宏观调控功能,多次出台政策措施完善普惠金融服务体系,推动普惠金融政策体系的建设。

1.1 国务院普惠金融规划(2016—2020年)

党中央、国务院高度重视发展普惠金融。党的十八届三中全会明确提出发展普惠金融。2015年《政府工作报告》提出,要大力发展普惠金融,让所有市场主体都能分享金融服务的雨露甘霖。为推进普惠金融发展,提高金融服务的覆盖率、可得性和满意度,增强所有市场主体和广大人民群众对金融服务的获得感,2015年12月31日,国务院印发《推进普惠金融发展规划(2016—2020年)》(国发〔2015〕74号)(以下简称规划)。规划对于今后五年推进普惠金融发展具有全面的指导意义。

规划中明确了普惠金融的概念,提出当前我国普惠金融重点服务对象是小微企业、农民、城镇低收入人群、贫困人群和残疾人、老年人等特殊群体,大力发展普惠金融,是我国全面建成小康社会的必然要求,有利于促进金融业可持续均衡发展,推动大众创业、万众创新,助推经济发展方式转型升级,增进社会公平和社会和谐。规划分总体思路、健全多元化广覆盖的机构体系、创新金融产品和服务手段、加快推进金融基础设施建设、完善普惠金融法律法规体系、发挥政策引导和激励作用、加强普惠金融教育与金融消费者权益保护、组织保障和推进实施八部分。

为扩展普惠金融业务、更好地服务实体经济,着力缓解小微企业、"三农"等普惠领域融资难、融资贵,支持发展战略性新兴产业,2018年3月28日,国务院常务会议决定,由中央财政发起、联合有意愿的金融机构共同设立国家融资担保基金,首期募资不低于600亿元,采取股权投资、再担保等形式支持各省(区、市)开展融资担保业务,带动各方资金扶持小微企业、"三农"和创业创新。同时,强化社会信用体系建设。基金按照"政府支持、市场运作、保本微利、管控风险"的原则,以市场化方式决策、经营。2018年6月,招商银行公司董事会已表决通过,向基金出资20亿元,自2018年起分四年实缴到位。

2018年4月25日,国务院常务会议将银行开展惠普金融服务情况作为监管支持政策的重要参考,制定监管考核办法。为降低创业创新成本、增强小微企业发展动力、促进扩大就业,会议决定,按照中央经济工作会议和《政府工作报告》要求,加大减税力度。采取7项措施,预计全年将再为企业减轻税负600多亿元。此次减税的方向是小微企业,受益面是实体经济。会议提出,必须落实好已确定的政策,让企业切实感受到融资成本下降。抓紧完善普惠金融服务保障体系,加强信用信息系统建设,支持银行制订专门的普惠信贷计划、安排专项激励费用、细化尽职免责办法。探索小微企业中长期固定资产贷款、新型农业经营主体设施抵押贷款、扶贫金融等产品创新，确保单户授信1000万元以下的小微企业贷款增速不低于各项贷款增速、贷款户数不低于上年同期水平，合理控制小微企业贷款质量和贷款综合成本，力争到第三季度末小微企业融资成本有较明显的降低。

1.2 人民银行相关政策

根据国务院的部署，为支持金融机构发展普惠金融业务，着力缓解小微企业融资难、融资贵问题，提高金融服务覆盖率和可得性，为实体经济提供有效支持，中国人民银行于2017年9月印发《关于对普惠金融实施定向降准的通知》（银发〔2017〕222号）。该通知对小微企业和"三农"领域实施的定向降准政策拓展和优化为统一对普惠金融领域贷款达到一定标准的金融机构实施定向降准政策，将定向降准政策考核范围由现行的小微企业贷款和涉农贷款调整为普惠金融领域贷款。

此次对普惠金融实施定向降准政策的目的性和方向性较强，目的是更好地引导金融机构发展普惠金融业务，方向上是对原有定向降准政策的拓展和优化。一方面，此次对普惠金融实施定向降准政策不仅覆盖了原有的小微企业和"三农"贷款领域，还延伸到脱贫攻坚和"双创"等其他普惠金融领域贷款，政策外延更加完整和丰富。另一方面，对原有政策标准进行了优化，聚焦单户授信500万元以下的小微企业贷款、个体工商户和小微企业主经营性贷款，以及农户生产经营、创业担保、建档立卡贫困人口、助学等贷款，政策精准性和有效性显著提高，建立了增加普惠金融领域贷款投放的正向激励机制，有助于促进金融资源向普惠金融倾斜，优化信贷结构。

为探索可持续、可复制的普惠金融发展经验，从2015年10月至今，人民银行先后批准了浙江省宁波市、陕西省宜君县和青海省开展普惠金融试点。2016年底，经国务院同意，人民银行等十部委正式批复《河南省兰考县普惠金融改革试验区总体方案》，设立了首个国家级普惠金融改革试验区。

2018年6月25日，人民银行、银保监会等五部门联合印发《关于进一步深化小微企业金融服务的意见》（银发〔2018〕162号）。从货币政策、监管考核、内部管理、财税激励、优化环境等方面提出23条短期精准发力、长期标本兼治的具体措施，督促和引导金融机构加大对小微企业的金融支持力度，缓解小微企业融资难、融资贵，切实降低企业成本，促进经济转型升级和新旧动能转换。一是加大货币政策支持力度，引导金融机构聚焦单户授信500万元以下小微企业信贷投放。二是加大财税政策激励，提高金融机构支持小微企业的积极性。三是加强贷款成本和贷款投放监测考核，促进企业成本明显降低。四是健全普惠金融组织体系，提高服务小微企业的能力和水平。五是大力拓宽多元化融资渠道，优化营商环境，严厉打击骗贷骗补等违法违规行为。

1.3 银监会相关监管政策

为进一步做好小微企业金融服务，着力解决小微企业倒贷（借助外部高成本搭桥资金续借贷款）问题，降低小微企业融资成本，推动小微企业健康发展，完善和创新小微企业贷款服务，2014年7月，中国银监会发布《提高小微企业金融服务水平的通知》（银监发〔2014〕36号），银监会对症下药，允许贷款到期银行无还本续贷。

2015年3月，中国银监会印发《关于2015年小微企业金融服务工作的指导意见》（银监发〔2015〕8号）。该意见分为明确工作目标，努力实现"三个不低于"；单列信贷计划，优化信贷结构；加强机构建设，扩大网点覆盖面；落实尽职免责，调动工作积极性；改进考核机制，激发内生动力；加大金融创新，提升服务能力；规范服务收费，切实降低融资成本；严守风险底线，抓好风险防控；强化监管激励约束，确保政策落实；加强多方联动，优化服务环境10部分。为加大对小微企业的扶持力度，将实施了六年的小微金融服务"两个不低于"目标调整为"三个不低于"，即小微企业贷款增速不低于各项贷款平均增速，小微企业贷款户数不低于上年同期户数，小微企业申贷获得率不低于上年同期水平。而此前的"两个不低于"要求银行对小微企业放贷的增速和增量不得低于上年同期。

为落实党中央、国务院关于普惠金融的决策部署，推进供给侧结构性改革，银监会于2017年5月印发《大中型商业银行设立普惠金融事业部实施方案》（银监发〔2017〕25号，以下简称《实施方案》），推动大中型商业银行设立聚焦小微企业、"三农"、创业创新群体和脱贫攻坚等领域的普惠金融事业部。

《实施方案》涵盖了总体要求、组织架构、经营机制、监督管理、配套政策、组织实施六方面的内容，明确了设立普惠金融事业部的基本原则，即商业化运作、条线化管理、专业化经营、差异化发展、分步骤实施、配套政策支持。《实施方案》重点要求大中型商业银行按照商业可持续原则，建立专门的综合服务、统计核算、风险管理、资源配置和考核评价等机制。通过逐步建立完善事业部体制机制，进一步提高大中型商业银行普惠金融服务水平和能力。

为贯彻落实《中共中央 国务院关于实施乡村振兴战略的意见》（中发〔2018〕1号）精神，2018年3月，银监会接连发布《中国银监会办公厅关于做好2018年"三农"和扶贫金融服务工作的通知》《中国银监会办公厅关于2018年推动银行业小微企业金融服务高质量发展的通知》。两项通知都提出了2018年新目标，加大了对扶贫和涉农金融服务的考核力度。

2. 国外银行业普惠金融政策及发展模式

国外普惠金融遵循"小额贷款—微型金融—普惠金融"的演进轨迹,其起源可追溯到 15 世纪的欧洲,意大利天主教堂建立典当行以抵制高利贷,服务社区穷人。

巴塞尔委员会 2010 年出台了 2006 年版《有效银行监管核心原则》。2013 年,巴塞尔委员会围绕普惠金融相关核心原则的运用在各国监管机构中开展调查,形成了调查报告(RoP Report)。2016 年,巴塞尔委员会依据第三版《有效银行监管核心原则》,结合普惠金融有关核心原则调查成果,编制了《有效银行监管核心原则在普惠金融领域的应用指引》(以下简称《指引》),这是巴塞尔委员会发布的在全球具有广泛适用性的银行监管国际标准。《指引》的出台,旨在帮助监管机构更好地适应金融机构服务金融薄弱领域过程中产品、服务和渠道的变革与创新[1]。

目前,世界上很多国家都在积极推进普惠金融政策以期消除贫困、维护金融体系平稳发展。孟加拉国、墨西哥、巴西、肯尼亚和秘鲁的普惠金融发展模式较为独特而典型且发展迅速,同为发展中国家,对我国普惠金融发展有重要的借鉴意义。如表 1 所示,通过对五国普惠金融发展模式的对比可以得出以下几点经验。

表 1　各国普惠金融发展模式比较

国家	特点	模式	典型机构	发展
孟加拉国	20 世纪 70 年代开创小额信贷项目,以贷款小组为核心的风险控制模式(小组成员间承担连带保证责任)	以发放小额信贷为途径	全球首家专门向贫困人群发放小额贷款的乡村银行——格莱珉银行(Grameen Bank)	小额信贷机构的金融产品和服务多元化发展,小额信贷机构转型为专门提供普惠金融服务的微型金融机构
墨西哥	2005 年以来推进政策法规改革,政府制定了《2007—2012 年国家发展规划》和《2008—2012 年国家发展融资计划》,严格的资本充足率监管	以政府为主导	最大的小额贷款机构——康帕图银行(Compartamos Banco),现已转型成商业银行并上市融资	建立"健全的普惠银行体系"直接推动银行法律法规改革,允许非金融机构在农村地区提供金融服务,允许专业型银行实行差别监管,将小型信贷机构纳入正规吸收存款机构管理

---

[1] 李均锋,邱艳芳,张弘. 普惠金融应用核心原则指引[J]. 金融监管研究, 2017(2).

续表

国家	特点	模式	典型机构	发展
巴西	在银行无法设立分支机构的地区为客户提供金融服务的渠道和手段，银行和非银行机构合作，以扩大金融服务范围。首创代理银行模式，商业银行与代理商签订合约，推进无网点银行业务	以代理银行为核心	巴西联邦储蓄银行创设了一种简化的货币账户——CaixaAqui。账户开设便捷，客户可以在代理商处将货币转换为账户中的虚拟数值，或进行提现、转账等	注重利用金融创新，扩大金融覆盖人群；充分利用各类零售商业网点作为代理银行，将银行基础金融服务与遍布全国的各零售商业网点结合
肯尼亚	金融基础服务和信息传播设施欠缺使手机银行快速发展，先进的移动金融支付体系弥补了全国基础设施建设落后、金融机构物理网点不足、边远地区人民无法享受银行服务的不足	以手机银行为重要媒介	肯尼亚最大的通信运营商Safaricom于2007年推出手机银行系统M-Pesa，目前M-Pesa已经成为肯尼亚最大的手机转账和支付平台	手机普及率远高于银行账户普及率的优势，为边远地区、农村地区人群提供效率高、成本低、操作简单的移动金融服务
秘鲁	重视普及金融知识和平等保护金融消费者权益，有较为完善的金融监管框架和消费者保护体系	以保护金融消费者为主要目标	最核心的是银行保险和养老金监管局SBS，负责监管银行业、保险业、微型金融机构、养老金机构等金融部门。SBS下设金融消费者保护部和养老金监管部	建立多个监管机构，制定部门规章制度及监管指引，逐步细化金融消费者权益保护的框架。建立多个规章制度，要求金融机构定期披露产品和服务信息，使消费者更加理智地选择金融产品和服务，减少信息不对称引起的消费者权益受损

资料来源：作者根据陈郁城（2016）[1]整理而得。

一是以政府为主导推进相关政策法规的改革。在"科技＋大浪潮"的推动下，需要政府运用科技手段创新监管模式，推动银行法律法规改革，鼓励开发适合我国普惠金融发展现状的新产品和新金融服务。二是以需求为主，促进金融产品和服务多元化发展。不管采用何种普惠金融发展模式，都必须注重利用金融创新，以扩大金融覆盖人群和金融服务范围，满足弱势群体的金融需求。

---

[1] 陈郁城．普惠金融国内外发展现状及比较分析［J］．新经济，2016（4）：64–66．

三是以保护金融消费者权益为目的,加大金融知识的普及力度,建立完善的金融监管框架和消费者保护体系。增加金融产品和服务的透明度,定期披露相关信息,使消费者面对众多的金融产品时更加理智,减少因信息不对称造成消费者权益受损。

3. 银行业普惠金融发展现状

3.1 小微金融

小微金融的概念可以从狭义和广义两方面论述。狭义指给收入较低或者没有收入的人供应小额度的贷款服务,广义指给因为各种因素无法从银行获取贷款的一些商户供应小额度的贷款服务(张露梅,2017)[①]。近年来,随着国家政策的引导、银行社会责任的提升,得益于互联网金融的快速发展,除了传统的商业银行外,蚂蚁金融、京东金融等新型机构也加入小微金融的行列,小微企业快速发展。

国家工商总局发布的《全国小型微型企业发展情况报告》中,将小微企业定义为除大中型企业以外的各类小型、微型企业的统称,在我国,个体工商户被视作小型微型企业。小型微型企业数量庞大,已成为国民经济的重要支柱,是经济持续稳定增长的坚实基础。在稳定增长、扩大就业、促进创新、繁荣市场和满足人民群众多方面需求方面,发挥着重要作用。据统计,我国中小企业创造的最终产品和服务价值相当于国内生产总值(GDP)总量的60%,纳税占国家税收总额的50%,完成了65%的发明专利和80%以上的新产品开发。小型微型企业在促进就业方面有着突出的贡献,是新增就业岗位的主要吸纳器。截至2013年底,全国各类企业总数为1527.84万户。其中,小型微型企业1169.87万户,占到企业总数的76.57%。将4436.29万户个体工商户纳入统计后,小型微型企业所占的比重达到94.15%(国家工商总局,2014)。由于缺乏统一完善的统计体系,目前,对小型微型企业的数量和结构没有最新的统计数据。

近年来,小微金融快速发展,有效缓解了小微企业融资难、融资贵问题。针对小微企业贷款的"三个不低于"[②]目标提出以来,银监会督促银行业连续三年达标,对缓解小微企业融资难问题起到了积极作用。为进一步引导银行

---

① 张露梅. 我国小微金融的发展现状及问题研究[J]. 商场现代化,2017(1):138-139.
② 所谓"三个不低于",即2015年初银监会发布的《2015年小微企业金融服务工作的指导意见》中,提出的"小微企业贷款增速、户数和申贷获得率均不得低于上年同期数据"。

业聚焦薄弱环节、下沉服务重心。2018年3月，银监会印发《中国银监会办公厅关于2018年推动银行业小微企业金融服务高质量发展的通知》（以下简称《通知》）。《通知》在继续监测"三个不低于"、确保小微企业信贷总量稳步扩大的基础上，重点针对单户授信1000万元（含）以下的小微企业贷款，提出"两增两控"①的新目标。此外，《通知》从完善机构体系、提升服务效率、改进贷款支付、落实尽职免责、盘活信贷资源、主动开展信息披露等方面提出具体要求。强调商业银行要回归本源、专注主业，用好用足激励政策，实现银行业小微企业金融服务从"量"的扩大转向质量、效率、动力的变革。

数据显示，截至2017年末，全国小微企业贷款余额为30.74万亿元，同比增长15.14%，比各项贷款平均增速高2.67个百分点；小微企业贷款余额户数为1520.92万户，较上年同期增加159.82万户。其中，商业银行支持小微企业贷款合计23.33万亿元，占小微企业贷款余额的75.9%（见图1），不管是资产规模还是所服务客户的数量，商业银行依然是支持小微企业发展的主力军。自2012年以来，小微企业贷款同比增速一直在15%左右，高于同期金融机构贷款余额同比增速（见图2）。从图1中可以看出，对小微企业信贷支持力度从大到小依次为大型商业银行、农村商业银行、城市商业银行、股份制商业银行和外资银行。五家大型商业银行中，从小微企业贷款余额绝对金额以及其占全部贷款余额的比重来看，工商银行对小微企业的信贷支持力度最大（见表2）。2017年，工商银行小微企业贷款余额为2.2万亿元，较上年增长9%，占全部贷款的16.3%。

表2 2017年末大型商业银行小微企业贷款余额情况

银行	小微企业贷款余额（万亿元）	全部贷款余额（万亿元）	较上年增长（%）	小微企业贷款余额占比（%）
工商银行	2.20	13.50	9.0	16.30
农业银行	1.36	10.70	13.3	12.70
中国银行	1.50	10.90	13.5	13.80
建设银行	1.61	12.90	12.6	12.50
交通银行	0.77	4.46	12.7	17.30

资料来源：Wind资讯。

---

① "两增"即单户授信总额1000万元（含）以下小微企业贷款同比增速不低于各项贷款同比增速，贷款户数不低于上年同期水平。"两控"即合理控制小微企业贷款资产质量水平和贷款综合成本；突出对小微企业贷款量质并重、可持续增长的监管导向。

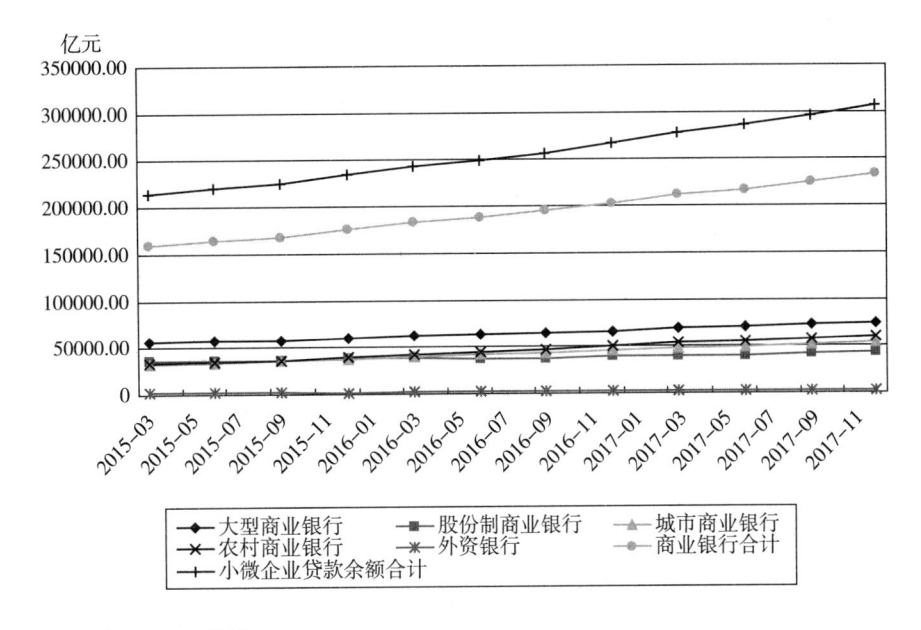

资料来源：Wind 资讯。

图1　各类金融机构小微企业贷款余额对比

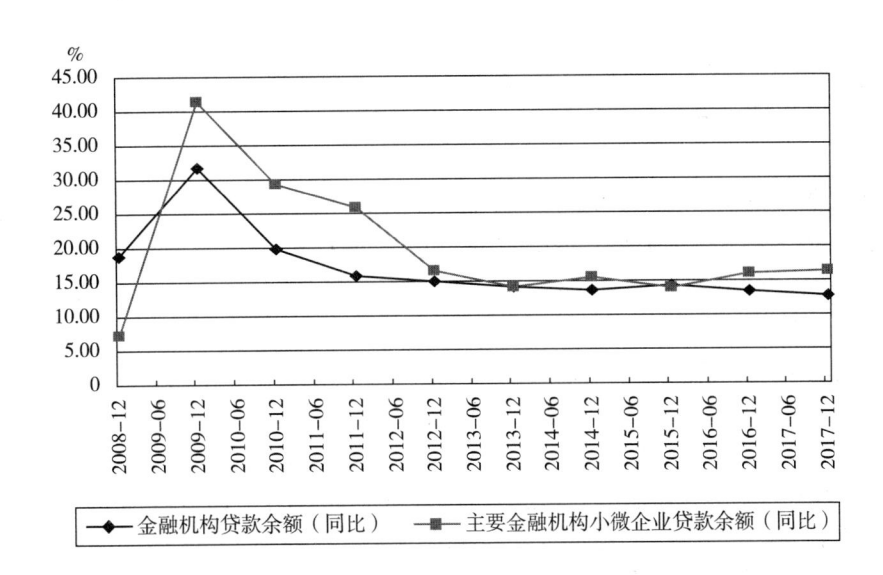

资料来源：Wind 资讯。

图2　贷款余额同比

商业银行是小微企业重要的资金供给方，但是在小微企业金融业务上还面临较大困难，小微企业的信贷需求依然面临较大的缺口。除了小微企业自身财务信息不完全、抵押担保物缺少、生命周期短、贷款额度小以及风险较高等特征外，还有诚信缺失、征信系统不完善、信贷环境等社会大环境方面的问题。

47

小微企业融资难、融资贵的问题仍然存在。

3.2 金融扶贫

"十三五"规划指出"发挥政策性金融和商业性金融的互补作用，整合各类扶贫资源，开辟扶贫开发新的资金渠道"，中央《关于打赢脱贫攻坚战的决定》也对完善金融扶贫提出了新的要求，新时期金融扶贫正面临着新的挑战与机遇。我国金融扶贫的历程始于改革开放之初，最近十几年更是不断扩大金融扶贫的主体，这其中商业银行首当其冲。洪晓成[1]认为，金融扶贫有三大主体，即政府（规划制定者和政策引导员）、商业银行（政策落地后的放大器、预警机与反馈者）和被帮扶农户（受益者和金融扶贫效益的最终展现者），理想的金融扶贫机制是上述三者组成的良性循环。现阶段，随着互联网技术的普及发展成熟，"互联网+"为金融扶贫带来了新的动力和机遇。金融扶贫是财政扶贫的相对概念，以政府的引导和金融机构的参与为前提，目的是解决农村贫困地区和贫困群体长期以来面临的资金不足问题，为其提供多元化的谋生机会和途径，从而从根本上改变贫困落后的命运。

党中央、国务院关于打赢脱贫攻坚战的决定发布后，银监会及时制定印发《关于银行业金融机构积极投入脱贫攻坚战的指导意见》（银监发〔2016〕9号），明确银行业机构金融扶贫的政策措施，同时编制银行业建档立卡贫困户贷款、扶贫开发项目贷款、贫困县银行机具服务覆盖情况统计表，定期统计、监测扶贫工作进展情况。在各方共同努力下，银行业扶贫工作成效显著。截至2017年末，全国涉农贷款余额达30.95万亿元，同比增长9.64%，占各项贷款的24.84%，实现持续增长；全国银行业金融机构发放扶贫小额信贷余额2496.96亿元，支持建档立卡户607.44万户，分别较年初增加838.72亿元和205.38万户，户均贷款4.11万元。扶贫小额信贷支持的建档立卡贫困户已经占到全国建档立卡贫困户的25.81%，较年初增加8.09个百分点。扶贫开发项目贷款余额达2316.01亿元，较年初增加1513.29亿元，银行业金融机构乡镇覆盖率为95.99%，行政村基础金融服务覆盖率为96.44%。

一是初步建立了配套的金融服务体制机制，形成各类机构协调配合、共同参与的金融服务格局。二是银行业金融机构围绕"三农"和扶贫重点领域完善制度建设，强化资源配置。三是创新产品服务模式。创新信贷产品、服务模式和增信方式，以适应多元化的需求。

---

[1] 洪晓成. 金融扶贫的现状与历史机遇 [N]. 光明日报，2016-11-19.

3.3 消费金融

广义的消费金融主要包括房贷、汽车金融、信用卡和消费贷款四大领域。目前，我国消费金融市场已形成以银行为主导，由消费金融公司、汽车金融公司、小额信贷公司、互联网金融公司等参与的多元化消费金融业态。传统的消费金融指"借钱消费"，随着居民消费需求的提高以及互联网金融发展，消费金融的内涵逐渐丰富，消费金融不断发展的同时也在改变居民的消费习惯，使大众消费观念逐渐由"量入为出"转变为负债消费。就商业银行而言，主要通过向消费者提供个人消费金融产品，如个人住房按揭、个人综合消费贷款、个人汽车消费贷款和信用卡等来开展服务。随着我国消费规模的扩大，消费对经济的贡献率不断提高，2017年最终消费支出对GDP的贡献率高达58.8%[1]，已经成为促进经济增长的主要推动力，消费在国民经济增长中的作用日益明显。党的十九大报告提出"完善促进消费的体制机制，增强消费对经济发展的基础性作用"，对消费金融服务体系提出了更高的要求。

我国市场经济起步较晚，消费金融市场发展尚未成熟。主要经历了三个阶段：第一阶段是改革开放初期，该时期居民物质文化需求随着经济好转发生变化并带来消费水平的增长；第二阶段是1997—1998年的东南亚金融危机后消费信贷的蓬勃发展；第三阶段是2010年后GDP增长率趋缓但消费信贷规模却快速增长（李文白和尹国栋，2016）[2]。

一是以银行为主导的传统金融机构依托自身优势，大力发展消费金融。商业银行积极发挥实体网点多、资金成本低、存量优质客户积聚、更具公信力等优势，大力发展消费金融业务。据人民银行《2017年四季度金融机构贷款投向统计报告》的统计，2017年末，金融机构人民币各项贷款余额为120.1万亿元，同比增长12.7%，增速比上年末低0.8个百分点；全年增加13.5万亿元，同比多增8782亿元。其中，人民币房地产贷款余额为32.2万亿元，同比增长20.9%，增速比上年末低6.1个百分点。2017年末，房地产开发贷款余额为7万亿元，同比增长21.7%，增速比上年末高9.5个百分点。本外币住户消费性贷款余额为31.5万亿元，同比增长25.8%，增速比上年末低6.4个百分点，全年增加6.5万亿元，同比多增3693亿元。

二是消费金融产品多元化，服务方式灵活多样，有效满足客户多元化需求。从产品用途看，一些商业银行推出了针对特定用途开发的产品，如工商银行推出的个人文化消费贷款；从产品期限看，从12个月到120个月不等。在"互联网+北京"下，消费金融采用金融科技手段以及新的风控模式，与互联

---

[1] 国家统计局. 中华人民共和国2017年国民经济和社会发展统计公报[R]. 2018.
[2] 李文白，尹国栋. 大银行如何看消费金融发展[J]. 银行家，2016（11）.

网等线上渠道相结合，所提供的服务方式更为灵活多样。

三是虽然消费金融服务门槛较高，但无须抵押担保、小额分散等特点使不良率水平仍然较高。银行产品的服务门槛较高，信用类消费贷款通常需要客户提供相应材料以证明其还款能力，虽然也有一些不需要提供材料的全流程线上产品，但往往针对的是特定的客户群体。据银监会披露数据，截至2016年9月末，消费金融平均不良贷款率为4.11%，相较于同期商业银行整体1.74%的不良率偏高，风险处于合理可控范围。

四是拓展合作渠道，扩大用户群。得益于互联网技术、人工智能等现代科技的快速发展，通过在优质互联网平台的入口放置线上办卡链接、与优质平台发行联名信用卡以及由优质平台批量推荐客户等方式，提高银行自身的获客能力，扩大用户群。同时，银行还通过与互联网平台、第三方数据公司、第三方征信公司等机构的合作来获取客户信用资质、消费习惯等动态数据信息，以提高授信的准确性。

3.4 体制机制变革：普惠金融事业部的成立

诺贝尔经济学奖得主威廉姆森（Williamson，1985）基于交易成本理论指出：事业部制是20世纪最重要的企业组织形式创新，它将经营权和管理权分离，有利于交易成本最小化，促进效率和利润提升。事业部制也被视为一种高效率的组织结构，可以平衡各利润中心的竞合关系，在相当程度上优于职能制和控股公司制。我国银行事业部改革已有十余年的历史，重点解决了当时银行规模过大、市场跨度过广、经营范围过宽等问题。

党中央、国务院高度重视发展普惠金融，2017年《政府工作报告》指出："鼓励大中型商业银行设立普惠金融事业部，国有大型银行要率先做到，实行差别化考核评价办法和支持政策，有效缓解中小微企业融资难、融资贵问题。"普惠金融事业部改革是深入贯彻落实党的十八届三中全会、四中全会精神和国务院有关要求，聚焦弱势群体，以实现基础金融服务覆盖为目标，主要依托和发挥现有机构作用，建立健全适应我国国情实际的组织机构和公司治理体系，不断提升金融服务的覆盖面、可得性和便利度，使最广大的人民群众公平分享我国金融改革发展成果（郑金宇，2017）。大中型商业银行普惠金融事业部是为实施普惠金融服务专业化经营采取的一种内部组织管理模式。2017年5月，银监会印发《大中型商业银行设立普惠金融事业部实施方案》，推动大中型商业银行设立聚焦小微企业、"三农"、创业创新群体和脱贫攻坚等领域的普惠金融事业部。

目前，我国五家大型商业银行全部建立了普惠金融事业部，进行单独的核算、运营和考核。截至2017年底，五大银行中有185家分行设立了普惠金融事业部。全国性的股份制商业银行中，已有六家银行建立了普惠金融事业部。以我国五家大型商业银行为例，普惠金融事业部构建的模式主要有以下几种[①]。

一是"三农+普惠"金融事业部模式，这是三农金融事业部的先行先试。目前，农业银行和邮储银行两家银行采用此种模式，分别设立了三农金融事业部。二是在原有村镇银行的基础上构建普惠金融事业部模式，这种模式经营主体较为集中，发展模式可持续。中国银行以中银富登村镇银行为基础，在整合相关业务基础上，成立了普惠金融事业部。三是在原有相关部门的基础上组建普惠金融事业部模式，这种模式方便快捷，成本较小且操作性强。采用此种模式的是工商银行、建设银行和交通银行。

4. 银行业普惠金融发展中存在的问题

4.1 普惠金融配套机制建设滞后

一是顶层设计有欠缺。虽然国内外关于"普惠金融体系"的研究成果颇丰，但是目前仍未构建出一个适合我国国情的、完备的普惠金融发展体系，在全局性、系统性和操作性方面仍有待完善。虽然一些商业银行已在总行层面设立普惠金融事业部，但是普遍缺乏总体的战略规划或指导意见。普惠金融的发展还是一个相对孤立的模块，未形成系统性工程。

二是欠缺完善的风控机制。缺乏完善的法律法规，缺乏包容性金融发展指标体系，风控体系有待完善，普惠金融的持续发展还存在一些制度障碍。由于普惠金融的重点扶持对象具有经营规模小、抗风险能力差等特点，不良率较高，且缺乏市场化程度较高、运作规范的担保机构提供风险缓释。

三是缺乏有效的政策激励机制。小微企业缺乏足够的信贷风险补偿资金，补偿范围和补偿力度都有待进一步加大，小微企业贷款风险补偿机制欠缺。

4.2 普惠性与银行追求利益的矛盾导致逆向选择

商业银行受到国家政策引导，积极响应相关号召，在有政府作为担保的情况下，乐意"锦上添花"。但商业银行作为标准的营利性组织，在利益驱动下，会重点考虑信用好、资金雄厚的个人或组织作为长期客户，往往忽略贫困群体及小微企业的需求。信贷资源是一种稀缺资源，商业银行考虑到无利可图或利润较低，信贷扶持力度和整体规模有限，且针对小微企业和涉农贷款利率普遍

---

① 魏鹏. 商业银行普惠金融事业部经营管理机制研究——以五家大型商业银行为例[J]. 金融监管研究，2017（9）：8-94.

上浮，盈利性和普惠性之间的不平衡阻碍了普惠金融在我国的发展。

逆向选择是指那些最可能造成不利后果即制造信贷风险的潜在借款人往往是那些最积极寻求贷款，并且最可能获得贷款的人。相较于信用贷款，民间借贷因其门槛低、提款快的特点更容易被民众接受，但民间借贷多是高利贷形式，伴随民间借贷而生的不良影响较大，最终产生劣币驱逐良币效应。此外，道德风险也加大了贷款无法清偿的概率。民间借贷对信用借贷的替代效应制约了普惠金融的普及和发展。

4.3 普惠金融生态体系薄弱，金融消费者保护机制不完善

一是未建立完整的社会信用体系。我国信用管理中介服务发展相对较慢，央行征信系统尚未完全覆盖小微企业和涉农企业，相应的征信系统、信息通报机制有待完善。

二是小微企业为获得更多信贷支持虚假"骗贷"。如小微企业提供虚假资料，甚至个别小微企业联合外部机构"骗贷"，金融法制环境有待完善。

三是消费者权益保护机制不完善。我国消费者的金融知识与迅速发展的金融市场匹配度较低，金融知识比较匮乏，缺乏对金融法规政策、金融市场和金融产品的专业认知。普惠金融服务的目标群体金融和法律意识淡薄，再加上信息不对称，导致消费者风险承受能力较低。

4.4 城乡金融基础设施差，两极分化，金融天然的排斥性难以改善

金融存在天然的排斥性，即排斥穷人和经济较为落后地区。我国特有的城乡二元化格局，导致我国金融机构和金融服务的分布也呈现出城乡两极分化的格局。越需要金融帮扶的群体，越不易得到金融服务；资本越充足的地方，金融市场越完善。金融往往是锦上添花而不是雪中送炭，这与"理性人假设"理论是一致的。金融服务应当有更广的普及范围，惠及更多人，才能实现"普"与"惠"的目标。

4.5 普惠金融发展创新力不足，持续发展受到制约

小微、"三农"和贫困群体是普惠金融的目标群体，特殊、复杂的群体对金融产品和金融服务有更为多样化和差异化的需求，这对银行提出了更高的要求。在金融产品的创新上，无法满足客户多样化的需求；在服务方式上仍依赖抵押品，手续烦琐、贷款审批周期长导致金融服务效率不高；在服务渠道上，不能有效实现线上和线下的有效结合，未能很好地利用互联网和信息科技的发展，线上服务功能有待完善，使普惠金融的持续发展受到制约。

5. 完善银行业普惠金融发展的政策建议

5.1 健全普惠金融配套政策，风险管控松紧适度

一是在全局性、系统性和操作性方面完善顶层设计。银行等金融机构应重视普惠金融发展，制定出台符合自身发展特色的普惠金融发展规划。二是完善普惠金融法律法规，完善包容性的指标体系，消除普惠金融持续发展的制约因素。三是建立正向激励，银行是支持普惠金融发展的主力军，给予相应的税收优惠政策以增加其开展普惠金融发展的动力。四是采取差异化监管手段和松紧适度的风险管控政策。继续鼓励银行成立专门的普惠金融部门，在监管评级方面给予差异化支持。推进金融产品和服务方式创新，有效防范金融风险，寻找审慎和效率之间的平衡。

5.2 完善社会信用体系建设，加大普惠金融信息披露力度

完善基础信息数据库，建立各方联动的守信激励和失信惩戒机制，提升消费者防范信用风险的意识和风险承受能力。增加普惠金融信息披露的透明度，减少因信息不对称造成的逆向选择和道德风险。加强对"三农"、小微企业的信用风险教育，增加信用借贷，减少民间借贷的替代效应，寻求银行盈利性和普惠性之间的平衡。

5.3 构建均衡的普惠金融生态体系，完善金融消费者保护机制

一是建立完整的社会信用体系。完善相应的征信系统和信息披露机制，增加其对小微企业和涉农企业的覆盖广度和深度。二是均衡普惠金融区域间的发展，增加金融服务空白地区和经济落后地区专营机构设立，建立更加适合"三农"、小微企业等普惠金融业务的专业化经营体系。三是完善金融消费者保护机制，增加金融法律知识的宣传教育，提高金融风险防范意识。增加普惠金融服务对象对互联网银行、手机银行、电话银行等服务新型金融产品的使用频率。

5.4 加大金融创新力度，构建普惠金融可持续发展体系

特殊、复杂的群体对金融产品和金融服务有更为多样化和差异化的需求，

传统金融服务和产品已经不能与普惠金融多元化的需求相匹配，必须加强创新意识，推出个性化的产品和服务。在服务方式上，延伸普惠群体收益范围，探索新型担保方式与担保公司、保险公司建立稳定合作，积极拓宽信贷领域、推出新的金融产品。在"互联网+"背景下，利用现代科技手段和互联网信息技术，提高金融服务效率，创新直营银行，与第三方支付平台等合作提高自主终端覆盖率，将普惠金融服务覆盖范围由线下改为线下加线上，惠及更多群体。

中国现代金融体系的"四梁八柱"

伍 聪[①]

党的十九大报告明确提出,"贯彻新发展理念,建设现代化经济体系"。这是我国经济从高速增长转向高质量发展阶段的内在要求,是我国转变发展方式、优化经济结构、转换增长动力的迫切需要。同时党的十九大报告提出了"现代金融"概念,指出"着力加快建设实体经济、科技创新、现代金融、人力资源协同发展的产业体系"。这与前述"现代化经济体系"首尾连贯、前后照应,实际上强调了金融是整个国民经济的一部分,与实体经济紧密联系、互相支撑,而不是孤立的、分割的。要准确理解现代化经济体系中现代金融的内涵和要求,就应提高战略站位,运用全局观、系统观,从"现代金融体系"整体视角入手。

1. 现代金融体系根本目的是服务实体经济

党的十九大报告指出,"深化金融体制改革,增强金融服务实体经济能力,提高直接融资比重,促进多层次资本市场健康发展"。报告中关于金融工作的表述,与2017年第五次全国金融工作会议精神一脉相承。全国金融工作会议提出了服务实体经济、防控金融风险、深化金融改革三项任务,并强调金融是实体经济的血脉,为实体经济服务是金融的天职。同时,会议明确做好金融工作的四项重要原则——"回归本源、优化结构、强化监管、市场导向",并把"回归本源,服从服务于经济社会发展"放在首位,指出"金融要把为实体经济服务作为出发点和落脚点,全面提升服务效率和水平,把更多金融资源配置到经济社会发展的重点领域和薄弱环节,更好地满足人民群众和实体经济多样化的金融需求"。

坚持实业为本,服务实体经济,是金融业的基本职能。只有企业实现较好的盈利、实体经济"有钱赚",金融业才能随之得到应有的、合理的回报。金融业的利润率必须与实体经济"做大蛋糕"紧密结合起来,一荣俱荣、一损俱损,否则资本就会在金融体系内"空转",金融市场就变成了"零和博弈"。

[①] 作者系中国人民大学国家发展与战略研究院副院长、国际货币研究所研究员。

但是近年来，中国的金融业"脱实向虚"比较严重，过度金融化现象较突出，金融杠杆率过高，金融成了无本之木、无源之水，金融自我复制、自我膨胀，如此循环往复最终将形成金融泡沫，并导致金融危机。因此，服务实体经济，既是金融发展的根本目的，也是防范金融风险的根本举措，更是对当前金融体系偏离发展的及时控制和有效纠正。

2. 历史和全球视角下的"现代金融体系"

每一段历史都曾是"现代"，每一个"现代"都引领着未来。"大金融"理论强调金融服务实体经济的动态拟合。在历史的长焦镜头中，"现代化经济体系"和"现代金融体系"总是同步的，如影随形。实际上，无论是工业革命、电气化革命还是后来的信息革命，都伴随着一种所谓的"现代金融体系"。

第一次"现代金融体系"是17世纪末中央银行与商业银行体系的出现，最有信誉的贷款者从英国王室变为工业企业。世界上首家中央银行——英格兰银行的建立开启了全球第一代金融革命，中央银行和商业银行共同构建的银行融资体系，为以工业革命为代表的"现代化经济"源源不断地输送资本燃料和动力，在资金与技术的双重推动下英国成为19世纪全球头号强国。

第二次"现代金融体系"是19世纪末20世纪初投资银行的兴盛，之前金融业始终将企业股权弃之如履，认为离开创业者的股权是没有价值的。以投资银行为主体的市场主导了金融体系，具有天然的资本运营能力，实现了资本的市场化流动及股权的有效配置，并借此主导了五次并购浪潮，淘汰落后产能，促进经济结构优化，推动第二次工业革命。以电气化革命为主体的"现代化经济"在美国完成，让美国成为20世纪全球头号强国。

第三次"现代金融体系"是20世纪末方兴未艾的风险投资，风险缓释手段从实体抵（质）押变换为预期产业前景，18个月内就可以完成信息技术更新换代，金融业与技术开发者共享其中的收益。风险投资体系支撑技术创新和产业升级，奠定了信息产业的基础，培育其迅速成长为美国新经济的支柱。因此，在风险投资体系的支撑下，以信息革命为核心的"现代化经济"，实现了美国的持续发展和全球引领。

回顾历史可以发现，实体经济与金融发展相辅相成、相互促进。只有能服务好实体经济的金融，才算是好金融。如果金融发展不能与时俱进，不能主动契合实体经济的内在需求，这样的金融体系将不能支撑"现代化经济体系"，将被淹没在历史潮流中。究竟什么才是这个时代最好的"现代金融体系"？对此，我们有一个基本判断，那就是最适合的金融体系都具有个性和唯一性，不能简单地把美国和英国各自的最适制度的标准零件通过某种"黏合剂"拼接到中国，因为最适合的金融制度不在既定规则之中，而在依据国家对象的禀赋之中。因此，没有最好，只有最适合，我们要探寻的正是立足中国实际、符合中国国情的"现代金融体系"。

3. 现代金融体系服务现代化经济之"四梁"

现代金融体系作为现代化经济的核心和基石，服务实体经济高质量发展是新时代的核心使命，同时也只有在为实体经济服务中才能实现自身持续健康发展。因此，我们的"现代金融体系"就需要围绕中国战略，结合国家禀赋，在我国现代化经济建设实践中去寻找。

3.1 围绕供给侧结构性改革的需求，引导金融资源更合理配置

金融在现代经济体系中横跨供给需求两侧，既可以为需求侧引入资金流，又可以为供给侧提供资本土壤。党的十九大报告将"深化供给侧结构性改革"列为"建设现代化经济体系"的首要任务，是新常态下推动我国经济发展的主线，是适应和引领经济发展新常态的重大创新。这就要求金融在供给侧结构性改革中扮演引导和支撑的角色，将更多的金融资源配置到经济社会发展的重点领域和薄弱环节，为提高供给体系质量提供有力支持。

在重点领域方面，金融业要围绕国家产业结构调整导向，运用市场化手段，逐步平稳地降低对"两高一剩"和"僵尸企业"的资源配置，聚焦《国家创新驱动发展战略纲要》《中国制造2025》等国家规划，加大对新能源、新材料、人工智能、节能环保等战略性新兴产业以及先进制造业、现代服务业的金融支持力度，促进实体经济的结构转型升级。在薄弱的环节上，金融业要加大对"三农"领域的金融支持，逐步扩大农村金融服务规模和覆盖面，加快建立多层次、广覆盖、有保障、竞争适度、风险可控的农村金融体系，同时强化中小微企业的金融服务，加快金融大数据、云计算等技术应用，帮助中小微企业及时便捷获得金融服务，进一步促进创业创新和新动能成长，增强经济发展活力和包容性。

3.2 围绕创新驱动发展战略，推动金融有效服务科技创新

党的十九大报告提出，创新是引领发展的第一动力。报告中10余次提到科技、50余次强调创新，吹响了加快实施创新驱动发展战略的强劲号角。从历史镜头中，我们看到金融为技术创新提供了资本动能和市场基础。如果没有英国银行体系为第一次工业革命提供资金支持，没有美国资本市场为第二次工业革命提供风险投资，英美两国也难以实现崛起。金融的目标是实现资源的有效

配置，有了金融的支撑才能将资金引导向创新行业。

因此，金融作为现代经济的核心，是支持技术创新的重要力量，在服务创新驱动发展中发挥着举足轻重的作用。通过加快金融高效流转、提升金融体系的质量和效率，可以有效腾挪、盘活信贷资源，引导产业结构朝着"科技""创新"的方向转型升级。同时，金融是支持"大众创业、万众创新"的重要力量，通过强化金融全面覆盖、加快金融服务模式创新，可以有效推动千千万万小微企业、草根创客积极投身于"双创"潮流，激发技术创新活力。

3.3 围绕乡村振兴战略，发展适合"三农"的普惠金融

党的十九大报告提出，实施乡村振兴战略，要按照"产业兴旺、生态宜居、乡风文明、治理有效、生活富裕"的总要求，加快推进农业农村现代化。这是全面建成小康社会的重大战略部署，为农业、农村改革发展指明了方向。农业、农村、农民问题是关系国计民生的根本性问题，金融是实施乡村振兴战略的重要支撑。长期以来，农村金融供给不足一直是制约我国农业现代化建设的一个"瓶颈"，主要体现在农村金融服务不足和新型农业经营主体信贷可获得性较差。解决农村金融服务不平衡、不充分问题，助力乡村振兴是现代金融体系建设的重要内容，也是农村普惠金融的根本目标。

因此，大力发展农村普惠金融，就是要健全适合新时代农业农村特点的农村金融体系，强化金融服务方式创新，提升金融服务乡村振兴的能力和水平。要在兼顾风险可控和商业可持续的基础上，强化金融服务方式创新，增加乡村金融服务和产品供给，提升乡村金融服务能力水平，大力支持粮食生产、特色农业、农产品加工流通和第一、第二、第三产业融合发展，有力支持农业供给侧结构性改革和农业农村现代化，不断推动农业升级、农村进步、农民发展。

3.4 围绕总体国家安全观，构建全方位的金融安全战略体系

党的十九大报告提出，坚持总体国家安全观，统筹发展和安全，增强忧患意识，做到居安思危，是我们党治国理政的一个重大原则。2017年4月，习近平总书记在主持中共中央政治局第四十次集体学习时强调，金融安全是国家安全的重要组成部分，是经济平稳健康发展的重要基础。2017年7月召开的第五次全国金融工作会议上，习近平总书记也指出金融是国家重要的核心竞争力，金融安全是国家安全的重要组成部分，金融制度是经济社会发展中重要的基础性制度。

维护金融安全，是关系我国经济社会发展全局的一件带有战略性、根本性的大事。当前我国的金融风险相对比较复杂，具有风险隐藏深、风险问题多样、风险边界模糊等多重特征，具体表现为在金融高杠杆驱动下的市场非常规

逐利行为，包括影子银行、虚假账目、债务投资及金融实体脱实就虚等，以及金融市场规范和监管问题，包括金融行为规范不到位、监管不及时、不深入等风险隐患。在坚持"防风险、去杠杆、抑泡沫"基调的基础上，如何调整金融监管与金融市场之间的张力，通过金融创新、金融发展、金融稳定三个着力点，实现经济新常态下的金融稳定，推动新时代的"无危机"发展，已经成为现代金融体系建设的重要内容。

4. 现代金融体系自身改革发展之"八柱"

"现代金融"所包含的"现代"是与我国现代化经济体系和社会主义现代化中的"现代"紧密相关的，需要体现中国特色、中国国情，不能简单国际对标。党的十九大报告提出，"深化金融体制改革，增强金融服务实体经济能力，提高直接融资比重，促进多层次资本市场健康发展。健全货币政策和宏观审慎政策双支柱调控框架，深化利率和汇率市场化改革。健全金融监管体系，守住不发生系统性金融风险底线"。这为今后我国金融改革实践和探索提供了理论指导，一方面强调了现代金融体系必须以服务实体经济为根本目的和主要遵循，另一方面明确了金融自身改革发展的基本路线和行动指南。

4.1 健全货币政策和宏观审慎政策双支柱调控框架

世界各国中央银行的传统政策框架以货币政策为核心，稳定物价为核心政策目标，主要防止高通货膨胀对经济发展的影响。但2008年国际金融危机说明，价格稳定并不代表金融稳定，危机前美国物价基本稳定，但金融资产价格大幅上涨，市场行为具有明显的顺周期性，跨市场风险传染性较强。因此，只有货币政策对于维持金融系统稳定还不够，金融系统风险的主要来源是金融顺周期性和跨市场风险传染，宏观审慎就是对症下药。

目前，我国货币政策正在从过去单独运用数量型政策工具，逐渐向同时使用数量型政策工具和价格型政策工具过渡，由直接调控向间接调控转变，最终目标将转向以价格型政策工具为主，数量型政策工具为辅；要继续实施稳健的货币政策，保持货币信贷适度增长和流动性基本稳定，改善对实体经济的金融服务。同时，进一步完善宏观审慎政策，发挥宏观审慎评估体系（MPA）的重要作用，引导和约束金融机构行为，克服市场主体顺周期行为的影响，有效阻止跨市场风险传染。货币政策和宏观审慎政策形成"双支柱"，可以相互结合、相互补充、相互强化；使用货币政策主要针对整体经济和总量问题，侧重于物价水平的稳定以及经济和就业增长；使用宏观审慎政策则直接和集中作用于金融体系本身，侧重于维护金融稳定和防范系统性金融风险，进而可以更好地将币值稳定和金融稳定结合起来。

4.2　推进以重构政府和市场关系为核心的金融体制改革

全面深化改革是新时代金融发展的根本动力。在 2017 年 7 月召开的第五次全国金融工作会议上，习近平总书记指出"党的十八大以来，我国金融改革发展取得了新的重大成就。回顾改革开放以来我国金融业发展历程，解决影响和制约金融业发展的难题必须深化改革"。总体而言，金融改革的导向就是处理好政府和市场的关系，坚持市场化方向，发挥市场在金融资源配置中的决定性作用，更好地发挥政府监管部门的作用，提高金融资源配置效率；同时要注重金融改革的战略性、整体性和系统性，必须与国家发展规划相结合，与财政政策、产业政策、区域发展政策相配合，形成一个更大范围、更高层次、更深程度的协调合作政策体系。

要进一步完善金融市场和机构的治理机制，使金融体系加快自身的市场化进程，提升金融服务能力和水平，更好地服务实体经济转型升级；高度重视金融体系中所有制改革问题，在坚持基本经济制度的基础上，让各种所有制资本取长补短、相互促进、共同发展；坚持质量优先，完善金融市场、金融机构、金融产品体系，引导金融业发展同经济社会发展相协调，促进融资便利化、降低实体经济成本；发挥好国务院金融稳定发展委员会的牵头作用，围绕防范系统性风险和保护金融投资者，进一步完善金融监管体制，守住不发生系统性风险的底线，建设监管有效、富有韧性的金融体系。

4.3　优化直接融资和间接融资协调发展的金融结构

根据金融中介在金融体系中发挥作用的不同，全球各国的金融体系大体可分为直接融资（银行主导型）和间接融资（市场主导型）两大类。我们难以简单评判两种不同金融体系的优劣，其导致各国金融体系差异的原因复杂，因为各国都有各自的国家禀赋，包括经济发展水平、政治体制、法律文化和历史习俗等。但是，间接融资体系在信息处理、资源配置、风险分担机制等方面，对于支持科技创新、服务现代化经济更有优势。我国是典型的商业银行主导型间接金融体系，虽然近年来在资本市场发展上取得了巨大成就，但与现代化经济建设的内在需求还有较大差距。大力发展以多层次资本市场为代表的直接融资体系，促进银行主导型间接金融体系的适度转型，优化我国金融结构，不仅有利于促进科技创新和经济结构转变，同时也是加强金融服务实体经济、降低系统性金融风险的战略之举。

发展直接融资、优化金融结构不可能一蹴而就，是我国金融发展的中长期战略。要大力发展以股票市场、并购市场、私募股权市场为代表的股权融资市场和以债券为代表的固定收益证券市场，逐渐形成融资功能完备、基础制度扎实、市场监管有效、投资者合法权益得到有效保护的多层次资本市场体系。同时，要清醒地认识到中国当前银行机构主导的金融体系有着深刻的产业结构特征、经济发展阶段性特征、市场化发育程度等制约和限制，要大力推动银行机构战略转型，稳步改革银行机构直接融资限制，提升和强化银行体系的直接融资功能，推进混业经营并完善穿透式的金融监管机制，全面构建与经济转型内在需求相适宜相匹配的、直接融资与间接融资结构合理的金融体系。

4.4 推动关乎金融发展全局的利率和汇率市场化改革

利率、汇率作为资金的价格，是金融最基本的要素，几乎渗透在金融的所有环节中。因此，利率和汇率市场化改革关乎金融体制改革的全局。近年来，我国的货币市场利率、债券市场利率、外币存贷款利率先后实现市场化，人民币汇率中间价形成机制也逐渐完善，市场效率明显提高，利率和汇率市场化改革取得重要进展。随着全球经济金融一体化的发展，资金这一要素所扮演的角色越发重要。资金的配置效率直接决定着金融服务实体经济的能力，而利率和汇率是最重要的货币资金价格，是市场经济和开放经济中资金配置的基础性调节指标，其形成机制的优化直接关系到资金配置的效率。因此，稳步推进利率和汇率市场化改革，成为深化金融体制改革的重要内涵，也成为现代金融体系建设的现实要求和必然趋势。

要进一步完善中央银行利率调控体系，疏通利率传导渠道，增强央行引导和调节市场利率的有效性，建立并完善价格型货币政策调控框架；继续着力培育以上海银行间同业拆借利率（Shibor）、国债收益率曲线和贷款基础利率（LPR）等为代表的金融市场基准利率体系，为金融产品定价提供参考；要进一步完善人民币汇率市场化形成机制，更多发挥市场在汇率形成中的决定性作用，增强人民币汇率双向浮动弹性，有序完善以市场供求为基础、双向浮动、有弹性的汇率运行机制，保持人民币汇率在合理均衡水平上的基本稳定；促进贸易和投资便利化，支持人民币在跨境贸易和投资中的使用，积极发挥人民币在"一带一路"倡议中的作用。

4.5 坚决打好防范化解重大金融风险攻坚战

2017年底中央经济工作会议再次强调"防范化解重大风险、精准脱贫、污染防治"三个方面作为今后三年的攻坚战役，特别是防范化解重大风险放到了首要位置，体现了中央对于防范金融风险的重视程度。无论是中央经济工作会议，还是2017年第五次全国金融工作会议，再到党的十九大报告，都明确表示了对于金融风险的高度关注。当今的中国与世界，已经"你中有我、我中有你"。在金融全球化的背景下，中国金融问题已经离不开全球金融环境。正确认识我国的金融风险，就应站在全球金融风险的视角来审视，包括全球经济周期问题、全球货币政策分化问题、全球经济结构问题、金融危机传导问题、中心国家的外溢性问题等。

防止发生系统性金融风险是金融工作的永恒主题。当前和今后一段时期我国金融领域尚处在风险易发高发期，风险点多面广，主要包括金融杠杆率和流动性风险、信用风险、影子银行风险、违法犯罪风险、外部冲击风险、房地产泡沫风险、地方政府隐性债务风险、部分国企债务风险等。要坚决治理金融乱象，打击违法违规金融活动，实行牌照经营，推动金融监管全覆盖，避免监管空白；要健全金融法治，以加强金融消费者保护体系、金融监管法律体系、金融风险管控体系和金融机构合规体系为主要着力点；要强化金融科技与监管科技等创新技术的应用实践，完善金融基础设施建设，丰富监管手段，弥补薄弱环节与现有短板；要加强宏观审慎管理，发挥国务院金融稳定发展委员会与"一行两会"的监管合力。

4.6 构建全面开放新格局下的金融业开放新体制

党的十九大报告指出，要推动形成全面开放新格局，大幅度放宽市场准入，扩大服务业对外开放。习近平总书记在第五次全国金融工作会议上指出，要积极稳妥推动金融业对外开放，合理安排开放顺序。2018年《政府工作报告》提出，"有序开放银行卡清算等市场，放开外资保险经纪公司经营范围限制，放宽或取消银行、证券、基金管理、期货、金融资产管理公司等外资股比限制，统一中外资银行市场准入标准"。扩大金融业对外开放，既是多年来中国经济持续健康发展的宝贵经验，也是中国未来始终坚持的基本原则。

金融业对外开放的基本原则应包括以下三点：金融业作为竞争性行业，应遵循准入前国民待遇和负面清单原则；金融业对外开放须与汇率形成机制改革和资本项目可兑换进程相互配合，共同推进；金融业开放须与防范金融风险并重，金融开放程度要与金融监管能力相匹配。要有序推进资本项目开放，稳步推动人民币国际化，继续完善人民币汇率形成机制，保持人民币汇率在合理均衡水平上的基本稳定。要继续放宽市场准入，按照内外资一视同仁原则，进一步放宽对外资持股比例、业务范围、股东资质等方面的限制；要健全针对外债和跨境资本流动的宏观审慎政策框架，进一步提高可兑换条件下的风险管理水平，更好保障国家金融安全。

4.7 健全以补齐监管统筹协调短板为重点的金融监管体系

党的十九大报告指出,"健全金融监管体系,守住不发生系统性金融风险的底线"。"十三五"发展规划提出,"加强统筹协调,改革并完善适应现代金融市场发展的金融监管框架"。这是对当前我国金融工作提出的具体要求和目标。目前,由于中国金融发展所处的阶段和金融体系的特定结构,风险存在着复杂性和关联性,金融监管面临着新的挑战。要在金融各个子领域内实现"穿透性"监管,打破监管机构的部门利益以杜绝"各管一摊",以及更好地发挥地方金融监管部门的作用,就必须实施金融监管的统筹协调。

进一步增强金融监管协调的权威性、有效性,在现行"一委一行两会"金融监管框架下,充分发挥国务院金融稳定发展委员会的领导和协调作用,强化中国人民银行宏观审慎管理和系统性风险防范职责,落实金融监管部门监管职责;中央和地方金融管理要统筹协调,发挥中央和地方两个积极性,全国一盘棋,监管无死角,形成"有风险没有及时发现就是失职、发现风险没有及时提示和处置就是渎职"的严肃监管氛围;中央金融监管部门统一监管指导,制定统一的金融市场和金融业务监管规则,对地方金融监管有效监督,纠偏问责;地方负责地方金融机构风险防范处置,维护属地金融稳定,进一步压实地方监管责任,加强金融监管问责;要加强社会信用体系建设,完善金融机构法人治理结构,建立健全符合国情的金融法治体系。

4.8 加强和改进金融系统党的领导和党的建设

党的十九大报告指出,"党政军民学,东西南北中,党是领导一切的"。2017年4月25日在中央政治局集体学习时,习近平总书记强调,加强党对金融工作的领导,坚持党中央集中统一领导,完善党领导金融工作的体制机制,加强制度化建设,完善定期研究金融发展战略、分析金融形势、决定金融方针政策的工作机制,提高金融决策科学化水平。2017年7月在第五次全国金融工作会议上,习近平总书记指出,做好新形势下金融工作,必须加强党对金融工作的领导。可以说,这是现代金融体系建设取得成功的根本政治保证。

做好新时代的金融工作,必须坚持党对金融工作的集中统一领导,始终把政治过硬摆在突出位置,确保金融改革发展的方向明、路子正;金融监管系统和金融机构要全面落实从严治党,切实发挥好党组织的领导作用、战斗堡垒作用和党员的先锋模范作用,确保中央经济工作方针政策不折不扣落实到位;要坚定服从党对金融工作的领导,坚决落实党对金融工作的决策部署,把"为实体经济服务作为出发点和落脚点"牢记心中,把防控金融风险、深化金融改革的责任扛在肩上、任务落到实处;要切实加强金融系统党的建设,党的领导要与国有金融机构公司法人治理相结合，促进形成良好的现代公司治理机制；要贯彻党管干部原则，发挥党管人才优势，大力培养、选拔、使用政治过硬、作风优良、业务精通的金融人才，特别是要注意培养金融高端人才，为金融业健康发展夯实组织保障和人才保障。

地方政府债务风险研究综述

韩立岩 丁 丁

（北京航空航天大学经济管理学院，100191）

摘 要 国际金融危机10年来，我国地方政府债务的金融安全引起持续高度关注。地方政府债务在中国经济增长的过程中经历了催生、积聚、扩张、调整重置等多个阶段。2015年实施新《预算法》以后，形成了商业银行信贷和地方政府债券共同支撑的局面。地方政府债务的恰当性取决于债务水平与经济增长的基本关系，实证表明其具有倒U形关系，而经济增长的稳定性是根本保障。从防范系统性金融风险的角度看，地方隐性债务的风险暴露是影响中国商业银行信贷资产质量和引发金融系统性风险的重要潜在因素；商业银行作为地方债市场的主要承销商和重要投资者也将在地方债市场化的进程中面临更多的机遇与挑战。本文提出了继续研究的学术问题。

关键词 地方政府债务 商业银行 隐性债务 市政债券 系统性风险 金融安全

在去杠杆、严控金融系统性风险的战略行动中，地方政府债务风险及其对于商业银行系统性风险的传染性引起了管理层、业界与学界的高度关注。

2008年美国次贷危机引发了国际金融危机，根据Fectset数据的不完全统计，美国国内从2008年1月到2011年7月就有超过300家银行破产，欧洲国家商业银行的损失更加惨重。2010年欧洲主权债务危机进一步波及商业银行，金融系统性风险爆发悬于一线。两次金融危机影响范围之广、危害程度之大预示着潜伏于整个世界经济体系中的金融系统性风险已成为经济全球化进程中最大的负面效应。为应对国际金融危机对中国经济的冲击，中国政府在次贷危机爆发的三年内启动近十万亿元的地方政府债，地方政府融资的空前扩张，推动了中国经济阶段性快速发展。随着我国经济和城市化的快速发展，地方政府对资金的需求与日俱增，商业银行作为地方债市场最大的投资者逐步形成了资金流庞大、借贷关系错综复杂的银行间网络。然而，由于我国地方债市场起步晚，债市管理机制不规范、不成熟，地方政府隐性债务问题逐渐暴露，地方政府融资平台的债务风险急速累积，正在成为影响中国商业银行信贷资产质量和引发金融体系系统性风险的首要因素。

2017年第五次全国金融工作会议提出要"严格地方政府债务增量，终身问责，倒查责任"；同年召开的政治局会议继续提出要"积极稳妥化解累积的地方政府债务风险，有效规范地方政府举债融资，坚决遏制隐性债务增量"；2018年2月24日财政部出台《关于做好2018年地方政府债务管理工作的通知》继续强调要"加强地方政府债务管理,坚决打好防范化解重大风险的攻坚战"。在全球经济下行的背景下,中国地方政府债务风险问题已成为从中央到地方高度重视的焦点所在。

进入 21 世纪以来,关于中国地方债务问题的研究形成了两个高潮,一个是中国加入世界贸易组织(WTO)以后地方基础设施建设高涨,地方融资平台流行于 2005 年前后;另一个是 2015 年新《预算法》实施以后。本文侧重于第二个时期相关研究的调研与综述。

1. 地方政府债务的显性与隐性

地方政府债务主要是省级与地县市级政府对国内商业银行体系和资本市场发行的债券,或通过为政府基础设施建设项目承担提供政府信用担保的银行贷款及其他社会债务。地方政府债务是中国社会债务的重要组成部分,常见的融资方式包括:地方政府债券、政府购买服务、政府基金、城投债、PPP 项目、平台贷款、融资租赁和其他非标融资方式等。

地方政府债务可分为显性负债和隐性负债。2015 年以后在地方政府债券市场化发行以后,地方政府的显性债务与隐性债务区分开来。显性债务是指建立在某一法律或者合同基础上的政府负债,即由《预算法》等法律明确规定的必须由政府承担还本付息的债务。由于无法确定统一的衡量标准,目前行业内尚未形成对于隐性债务的统一定义和认定标准。而在政府项目融资过程中所有或有性、非公开或不规范的地方债务均被划分为地方政府债务的隐性部分(刘少波、黄文青,2018)。这些负债的违约缺乏统一规范的风险管理和有效的防范机制,但是有可能通过商业银行体系转化为重要金融风险,导致地方政府的信任危机,成为金融稳定与经济安全的重大隐患。2017 年 7 月中央政治局会议强调了地方政府隐性债务问题的严重性,指出要"积极稳妥化解累积的地方政府债务风险,有效规范地方政府举债融资,坚决遏制隐性债务增量"。管理层对于地方政府债务的关注经历了从 2014 年之前的"政府性债务"到 2015 年的"地方政府债务",再到 2017 年的"隐性债务"的变化。黄志勇(2014)认为,各级地方政府为了发展当地经济都进行了不同程度的负债,大部分都属于隐性负债。目前,业界一致认为显性债务压力尚在可控范围内,隐忧与风险主要来自地方隐性债务,其体量可能并不亚于现存显性债务(王朝才,2017)。马建堂等(2016)指出中国政府债务不仅要考虑当前宏观经济运行中发生的直接债务,还要考虑各类折算率不同的隐性债务,政府债务的实际总杠杆率可能高于 40%。

2. 地方政府债务的形成阶段

黄芳娜（2010）指出，分税制改革后，地方财权事权不统一，导致地方政府通过债务融资。范剑勇（2014）指出预算软约束导致地方政府具有强烈的举债欲望，地方政府债务成为城市建设和基础设施投资的主动手段。吕健（2015）指出受国际金融危机影响，地方政府将基础设施投资作为摆脱危机、保证GDP增长的唯一手段，增大了地方政府债务规模。殷剑锋等（2015）认为2014年9月国务院发布的《关于加强地方政府性债务管理的意见》是管理地方政府债务风险的重要举措，也标志着地方政府债务进入法制化、正规化的发展阶段，其短期意图在于通过发行地方政府债券置换来缓解商业银行流动性需求问题，优化地方政府债务的期限结构。詹向阳等（2015）指出地方政府债务置换标志着我国地方政府融资模式开始向市场化、规范化和透明化转变，对商业银行优化配置贷款资源、增强风险管理能力具有十分正向的意义，但涉及置换规模和银行资产结构调整等问题，银行资产的整体流动性和收益回报会受到影响。熊艳（2018）指出我国地方政府债务先后经历了三个阶段，即财政部代发代还、地方政府自发和财政部代地方政府自发自还。杨德勇和王萌（2018）认为我国地方政府债务的历史轨迹大致可以分为以民间投资为主拉动经济、以国企投资为主拉动经济、以地方政府投资为主拉动经济三个阶段。

综合多方观点，本文认为中国地方政府债务的形成经历了以下四个主要阶段。

第一个阶段为从改革开放至2008年国际金融危机前夕。该阶段中国地方土地财政刚刚起步，政府投资并未成为地方建设的主要角色，地方政府债务风险问题尚未形成。

第二个阶段为从2008年至2012年，是中国地方政府债务问题的累积阶段。国际金融危机爆发后中国政府推出了"四万亿计划"来刺激经济发展，其中大约2.8万亿元由地方政府筹集（杨德勇、王萌，2018）。2008年国有企业固定资产投资完成额累计同比大幅上升，2009年同比增长515.2%。2009年至2012年中央每年发行2000亿元以上规模的地方政府债，基于政绩考核机制的固定资产投资动机进一步促进了地方政府的债务扩展（张文君，2012）。吴盼文等（2013）指出在此阶段，我国政府隐性债务规模呈现快速扩张态势，国有企业、地方融资平台债务增加是政府隐性债务扩张的主导因素。在当时《预算法》不允许地方政府发债的条件下，与商业银行合作的地方政府融资平台起到主导作用。

第三个阶段为从2012年至2015年的地方政府债务危机暴露阶段。在前面的积累阶段中，中国各地区的地方政府融资平台得到了蓬勃发展，而地方政府并非责任政府，地方政府债务存在权责分离的隐性问题，导致地方政府举债权力无约束扩张（缪小林，2013）。而分税制改革造成地方政府财力与事权的不匹配，继续加剧了地方政府的财政压力（黄国龙、蔡佳红，2013）。另外，地方政府在推动城市化进程，加快地方基础设施融资建设的同时，地方隐性债务规模也膨胀到了高位，并进一步通过银行拆借、平台贷款等方式形成金融体系风险传播路径（蔡书凯，2014）。这一阶段的债务发展迅速。截至2013年6月底，全国地方政府性债务余额达18万亿元，与2010年底相比，增长了67.3%。其中，融资平台公司、政府部门和所属机构、经费补助事业单位举借债务占政府负有偿还责任债务的82.15%，是举债主体。省、市、县级、村镇四级政府负有偿还责任的债务分别为1.78万亿元、4.84万亿元、3.96万亿元和0.31万亿元，其中银行贷款占50.76%。中短期债务的比重偏高（曾繁华、王飞，2014；邱峰，2015）。Wind数据显示，2015年中国城投债迎来历史的第一个到期高峰，规模高达7500亿元，比2014年增长80%；另据审计结果，2015年到期的地方政府债务本金达2.78万亿元，沉重的债务负担已成为制约经济和改革的主要风险，并直接影响到地方财政政策的实际执行。

第四个阶段是从国务院办公厅发布《关于加强地方政府性债务管理的意见》（国发〔2014〕43号）至今，本文将其定义为地方政府债务的"后危机"阶段，"隐性债务"和"债务置换"是该阶段的主题词。在此阶段中国地方政府债务问题受到社会各界的瞩目，特别是地方政府的隐性债务压力引起多方关注。2014年底地方政府性债务甄别完成后，有15.4万亿元作为政府显性债务纳入财政预算。尽管与发达国家相比，我国非金融企业和政府部门的名义杠杆率并不高（马建堂，2016），然而地方政府借由PPP、政府购买服务、政府投资基金等方式形成的隐性债务从体量上现存超过甚至数倍于显性债务。与此同时，国务院先后要求剥离融资平台公司承担的政府融资职能；紧接着中央下发了1万亿元地方政府债券用来置换存量债务额度，并出台了关于地方政府一般债券、专项债券的发行管理办法，旨在要求地方政府把一部分到期高成本债务转换成地方政府债券，从而降低银行资产风险，间接提高了银行的资本充足率，缓解了商业银行流动性风险（尚劲宏，2015）。

因此，地方政府债务置换标志着我国地方政府融资模式向市场化、规范化和透明化转变，对于商业银行进一步优化贷款资源配置、提升风险管理能力也具有积极作用。但是，截至2018年8月中旬，存续期内地方债券合计规模达16.93万亿元；新增地方债中政府信用水平较低的地方债务置换所占的比例高，占比为76.41%（中诚信国际研究院，2018）。由于地方政府债务置换与商业银行资产结构的调整密切相关，大规模的资本置换将使商业银行与地方融资的借贷网络关系更加同质化和复杂化，这对银行资产的总体流动性和收益水平形成了负面影响，特别是在整体经济下行压力下，存在将债务危机更多地转移给商业银行的潜在的系统性风险。

3. 地方政府债务与经济增长的关系

政府举债是利用资本市场杠杆促进经济增长，其债务安全地仰仗未来持续稳定的经济增长。因此，地方政府债务与经济增长的关系是地方政府安全举债控制与风险管理的理论基础。

从公司财务的常识出发，如果政府被看做实体的话，经济增长与政府债务不可能是线性关系，一定有一个临界点，超过这个临界点政府就会面临危机甚至是破产。刘洪等（2014）建立了61个经济体从1980年到2009年的面板数据模型，经过检验论证，政府债务与经济增长之间存在倒U形关系。但是发达经济体和发展中经济体的最优债务阈值存在差异。尤其值得注意的是，政府债务最优阈值不是固定不变的，其随着利率水平、通货膨胀程度、经常账户和金融发展水平等宏观经济因素变化而动态变化。这一发现同样适用于一个具体地方政府的债务与地区经济增长的关系。张启迪（2015）研究了1970年至2012年欧元区16个国家政府债务对于经济增长的影响，同样论证了政府债务对经济增长的阈值效应。在债务水平低于阈值时，政府债务对经济增长起促进作用；而当债务水平高于阈值时，则对经济增长有阻碍作用。其研究表明债务阈值水平位于54%~78%。值得注意的是，该文强调债务阈值具有长期意义，而不是短期调整的依据。它通过欧元区控制主权债务危机的案例具体说明，在债务水平高于阈值的情况下不顾宏观经济条件而在短期内大幅削减债务可能带来严重的负面效应。范小云和郭步超（2014）对包括21个新兴市场经济体和30个OECD经济体1970年到2011年的政府债务数据建立了面板数据模型，在控制了人口因素、储蓄率、利率水平、金融发挥水平和中等教育水平之后实证发现了新兴经济体与发达经济体两组政府债务对于经济增长的门槛效应。该文得出了新兴的适度政府债务高于发达经济体10个百分点的结论。他们从社会发展水平与福利制度上给出了理由：发达经济体要维持高福利，而新兴经济体没有福利负担，因此可以通过举债增加资本形成和提升全要素生产率。该文赞成中国发挥债务的投资智能，通过适度债务助推经济增长模式的转型。

与前面观点不同的是，程宇丹和龚六堂（2014）通过1960年到2010年113个经济体的面板数据模型对发达经济体和发展中经济体的政府债务与经济增长的非线性关系进行了论证，他们发现发达经济体与发展中经济体两个组别的差异是显著的。发达经济体的政府债务水平对于经济增长、投资和全要素生产率没有显著影响；而发展中经济体在一个宽松的临界区间内政府债对于投资率具有边际效应，但是会引起金融脆弱性的提升。

作为理论总结，贾俊雪和郭庆旺（2011）通过建立一个两部门内生增长迭代模型，仿真研究了不同财政规则下财政政策变化对长期经济增长和政府债规模的影响。在分析了四种规则（平衡财政规则、黄金财政规则、原始赤字规则和原始赤字黄金财政规则）之后，提出了采用原始赤字黄金财政规则的策略。针对债务利息支付可由发行国债来融资的争论，该文认为，从长期来看，原始赤字可以使用税收收入融资，而公共物质资本投资和债务利息支付则由发行国债融资，这将更有利于长期经济增长和改善政府财政状况。但是，中央政府必须坚持审慎原则，避免陷入过度的赤字规模而失去实施财政政策的能力。这一思路不仅适用于国债，也适用于地方债。

针对中国地方政府债务问题，一些文献通过理论与实证研究提出了鲜明的观点。龚强等（2011）给出了财政分权视角下的地方政府债务研究综述。该文强调"中国的地方政府债务问题因与分税制度不完善、地方官员激励扭曲、地方融资平台不规范、宏观调控和财政政策需要等问题联系在一起而更加错综复杂"。该文总结了地方政府融资平台安全的宏观影响因素，具体涉及经济周期、土地政策、房地产市场、汇率管理等，而平台反过来又会对长期经济增长、基础设施建设和收入分配等产生影响。该文归纳了预算软约束问题的研究文献，明确指出在中国的情形下，预算软约束并不必然导致地方政府的过度支出和债务累积。中央政府通过转移支付的财政资源最终对各地方的税收进行综合平衡。中央财政完全可以限制过度支出与负债的地区而激励保持平衡的地区。

陈诗一和汪莉（2016）构建了一个三部门新古典动态博弈模型，并分别就地方政府是否受制于债务约束模拟分析了地方政府债务与经济增长的关系。理论与仿真研究表明，当实施债务约束时，政府债务与经济增长间存在倒 U 形关系；当没有债务约束时，经济增长率与政府债务增加呈现负向关系。他们的情景分析显示，东部地区过高的政府隐性债务累积不利于经济增长，而中西部地区显性债务对于区域经济增长具有促进作用。他们提到的债务规模约束的执行临界点与最优债务阈值是一个问题的两个角度，效果是相似的。实际上，当地方政府债务规模越过最优阈值时，累计债务的长期效应和新增债务的边际效应都是负面的。由此产生的长期负面预期比短期的经济增长阻碍效果更为突出，其在银行信贷市场和资本市场的信息传递都会引起金融系统性风险的提升。邱栎桦等（2015）专门研究了经济增长视角下中国西部某省 108 个县域地区的政府债务适度规模问题。该文建立了动态随机一般均衡模型，通过数值模拟表明：政府债务对经济增长的短期促进作用突出，而政府债务对经济增长的长期效应却不显著。针对 2007 年到 2011 年数据的动态面板门槛模型则强调，当债务负担率低于 20% 的债务阈值时，地方政府债务促进经济增长；而超过 20% 的债务阈值时，地方政府债务与经济增长不存在显著关系。这一结果显然是苛刻的。但是为什么西部县域地区政府债务的经济增长阈值如此低呢？该文没有进一步阐述，只是认为与 Egert（2013）的结论一致。较之东部地区，西部地区缺乏人才、技术与资本，仅仅靠债务融资而大力发展基础设施是不够的，政府债务用于人力资源与技术研发的投入多少无疑是突出的"瓶颈"因素。

4. 地方政府债务与商业银行的关系

在安全规模范围内,地方政府担保的公司信贷是商业银行的优质资产。但是,这个安全范围也是宏观经济环境与地区实体经济状态的函数。在极端市场情形下,地方债务违约可能会引发金融系统性风险。

4.1 金融风险溢出效应下的政府债务

随着经济全球化的不断推进,全球金融行业盘根错节,呈现出牵一发则动全身的系统风险性。作为金融体系核心的银行业,其风险研究一直是学术界研究的热点问题,众多研究集中在银行资产结构、借贷关系、违约风险和资产定价风险等多个维度(Kim 和 Song,2105)。随着欧洲深陷主权债务危机至今还未能完全脱身,学者们更加关注商业银行体系与外部金融体系的联系以及商业银行风险的冲击和溢出效应(Fiordelisi 和 Marqués – Ibañez,2011;Kreis 和 Leisen,2017)。

Wickens 和 Malliaris(2017)认为 2008 年国际金融危机爆发的一个主要原因是未能正确评估和定价违约风险以及在危机发生后由违约风险产生的溢出效应,预测在国际金融危机爆发后,金融中介机构会大幅增加利差并施加借贷限制,从而加剧经济衰退的深刻性和持久性。Tsoumas 和 Malliaris(2018)研究了因银行违约对其业务关联银行传播的影响以及引发的不利于当地经济发展的信息传播溢出效应。Goedecke(2018)通过墨西哥银行数据实证了信贷风险具有实质的、地域性的溢出效应,潜在的风险传播机制包括具有传染性的违约行为,比如在经济或者政治冲击下的还款逾期或者本金损失。Eichler 和 Sobański(2016)认为国家政治行为可以显著影响欧元区银行的违约风险,尤其是在银行规模较大或者银行资本不足两个极端情况下更具影响力。这些研究中关于银行业风险的溢出效应都与债务和其他金融问题遥相呼应,中国地方政府债务在积累阶段的发展与表现也与上述文献所揭示的特征有相似之处。

金融风险尤其是银行业信贷风险的冲击与溢出效应直接把矛头指向了政府债务。备受关注的欧洲主权债务危机从表面上看是主权信用评级遭到调降产生债务违约,继而对银行业、资产价格、货币通胀、实体经济带来冲击和连锁风险传播。然而债务风险与银行风险的因果关系并非如此简单,越来越多的深层研究关注到主权风险、债务风险与银行风险之间的反馈回路。

Acharya 等(2014)建立了一种模式化的经济运行模式,银行通过增加税收和增加债务发行的组合融资,用以解决金融部门的投资不足问题;由于银行在其投资组合中持有主权债券,为获得更高的融资则会稀释先前发行的低收益但是风险也低的主权债券，从而增加主权债务风险，并在银行风险和主权债务风险之间形成一个反馈循环。在政策方面，Brunnermeier 等（2011）主张创建欧洲安全债券，以打破这种反馈循环。此外，一些研究关注到了主权债务与银行脆弱性之间的联系，研究了主权债务风险如何影响借贷和违约政策。Gennaioli 等（2014）构建了国内外主权债务的程序化模型，其中国内债务为了能够吸引更多、更廉价的外国贷款不得不削弱银行的资产负债表。Bocola（2016）在一个银行体系与政府债务的模型中，研究了主权债务风险的增加对宏观经济的负面影响，展示了违约的预期是如何导致经济衰退的。Kirchner 和 Wijnbergen（2016）研究了当公共债务被限制杠杆的国内银行持有时，使用债务融资刺激财务的有效性。这些复杂的因果关系研究凸显着违约风险、银行信贷危机和经济活动之间的关系，Sosapadilla（2018）认为主权债务违约在国内银行体系中具有三种关键的实证规律：（1）违约与银行危机同时发生；（2）银行主要受政府债务影响；（3）违约会引发银行信贷和生产的大幅收缩。

4.2 地方政府债务正在成为银行系统性风险最大的诱因

作为发展中国家，中国经济发展具有区域性特征，也就是说，不同地理区域的经济发展水平不均衡。这一特征与欧元区各国家经济发展差异大，由于内部经济失衡引发欧洲债务问题高度相似。越是发展不均衡、不发达的区域，政府越迫切地扩大投资规模，刺激该区域经济发展的兴奋点，比如大举地方融资，投入较为长远的市政设施建设、道路交通等。因此，地方投融资平台债务在地方政府债务中占有相当高的比例，该区域的地方商业银行成为埋单地方政府债务的主力。从 GDP 水准的维度来看，中国不同经济区域内地方政府债务和赤字情况是高度正相关的。Jeon（2018）研究了收入不平等在政府借贷和违约决策中的作用，通过分析基尼系数、主权债券评级以及人均 GDP 的面板数据来解释地区收入不平等不均衡以及与地方经济产出冲击相结合会加剧风险违约的发生概率。虽然中国地方政府债务总体风险水平低于国际标准，但是地方政府的隐性债务以及区域经济发展的不均衡极有可能成为该区域银行信贷冲击的风险暴露。

事实上，主权债务违约与银行危机紧密相关是世界上许多国家的特征（Gennaioli 等，2015）。我国地方政府债务是在中国经济高速增长过程中不断被推动、积聚、扩张和调整中形成的，"行政约束＋市场约束"的双重举债特征使地方政府债务中的隐性债务界限不明晰，无法被精确测算，与商业银行贷款、债券基金及其他非标融资项目错综而又紧密地连接在一起。在中国地方政府债务问题的初级累积阶段，地方投融资平台的数量和融资规模需求迅速增长，2008 年的 1 万多亿元的地方政府投融资规模迅速增长了近 5 倍，上升至 2009 年的 5 万亿元负债规模，地方政府实现快速融资最主要的方式就是商业银行贷款。正是在这"四万亿元计划"的刺激下,地方政府债务将国内商业银行与其捆绑在一起,让银行进行顺周期行为,配合地方政府无约束大肆扩张,由此银行在地方政府债务形成的第二、第三阶段累积了大量的高风险贷款。同时,政府在融资中可能形成隐性债务的部分主要是银行贷款(包括政策性银行)、政府基金、发行债券、融资租赁和其他非标融资等,其中由商业银行贷款所形成的隐性债务占据半壁江山。例如,2013年7月31日中国银监会公布的截至2013年6月末的平台贷款余额为9.7万亿元,同期国内金融机构贷款余额为68.1万亿元,因此商业银行平台贷款占比约为14.2%;假设这一比例维持不变,2017年底的国内金融机构贷款余额为120.1万亿元,由此可以推算出商业贷款余额约为17万亿元,这一贷款余额占到2017年底预估的地方政府隐性债务余额33万亿元的51.5%,即一半以上。

地方政府债是银证合作的重要领域,随着地方债成为全市场规模最大的债券品种,商业银行也随之成为地方债市场最大的投资者。如此快速的信贷增长,不仅令地方政府的债务负担岌岌可危,同时也对商业银行的运营风险形成巨大威胁;并且在与地方政府的互动中,商业银行显然处于弱势地位,无论是从微观的风险管理角度还是从宏观经济运行的视角,地方政府的过度融资行为都极易成为银行金融体系系统性风险爆发的导火索。

4.3 商业银行在地方债市场化进程中将面临更多的机遇与挑战

2015年地方政府债务进入"后危机"阶段,地方政府开始发行债券以置换部分通过城投公司借入的高成本债券,相当于将之前的银行高息短期贷款置换为低息长期市政债,地方债务置换逐步落地。对商业银行而言,一方面盘活了信贷资源,改善了银行的流动性;另一方面,缓解了地方债务风险向银行信贷危机的传递,短期内延缓了不良贷款的生成速度,实现了用"时间"换"空间"的效用(邱峰,2015)。不过,地方政府债务置换始终无法让商业银行完全从地方债中脱离出来。Wang等(2017)通过对美国工业企业综合数据库的研究指出了展期风险对违约风险的影响,特别是在与银行融资的企业中,违约风险与展期风险显著正相关,在企业盈利能力下降和信用不良的条件下,展期风险将加剧违约风险。因此,无论是银行贷款还是置换后的债券,一旦在展期结束后没有回报或失败,最终仍要由商业银行来承担风险敞口的所有损失,形成恶性循环。

同时,银行资产结构进行调整后,地方政府所减免的利息负担其实本质上来源于银行利息收入的削减。此外受贷款利率下行周期的影响,债务重置会进一步影响银行的盈利,银行信贷网络的流动性风险并没有完全转变。根据中债登此前公布的数据,截至2017年8月末,地方政府债的投资人以商业银行为主,持有比例接近78%,其中四大国有银行占比接近50%(熊艳,2018)。因此，商业银行作为地方债市场的主要承销商和重要投资者，将继续发挥满足地方经济建设资金需求、降低区域性、系统性风险的重要作用，同时在地方债市场化进程中，也将更多地作为加强地方政府债管理的政策建议者和实践改革者。

5. 地方政府债务的信用风险管理

风险管理的基础是风险度量。市政债券违约风险与信用风险的研究有一些成果，但是仍然有很大的发展空间，或者说目前的研究明显不足。

关于信用风险管理思路，王刚和韩立岩（2003）提出建立市政债券信用风险防控体系，包括明确中央与地方的事权和财权，建立独立的债信评级制度，对于发债主体、发债规模和投资项目进行系统化管理。韩立岩等（2005）提出建立全过程的政府监管同多层次的市场自律相结合的市政债券信用风险防范体系；重点措施包括健全相关法律法规、实施核准审批制度、严格控制发债规模、监督项目执行过程、实行信用评级公司制度。强调中央政府是金融风险控制的中枢，对市政债券的放权是不现实的甚至是危险的，在发行市政债券的初期要坚持中央政府直接控制的发行制度。蒋先玲（2005）认为我国市政债券的信用风险监管要借鉴美国市政债券信用风险管理的"三驾马车"，即信用评级制度、信息披露制度和债券保险制度，特别强化投资过程的信息披露。蔡国喜（2014）则进一步强调，在债务积累到一定规模的情况下，市政债信用评级不仅要看地方政府的经济实力、财政实力和治理水平，还要评价所在区域的整体金融生态环境。

近年来，关于地方政府债务的风险机制有了新的探讨。江涛和薛媛（2017）参考政治资源诅咒效应，从融资平台的视角分析了地方政府债务风险形成机制，发现相对丰富的政治资源导致融资平台成为地方政府追求政绩的工具，客观上弱化了风险控制意识。唐云锋和刘清杰（2018）认为必须高度重视地方政府债务可能引发的金融风险，目前投融资平台法人治理结构、政府项目投资决策和相关监督机制的不完善增加了相关风险。土地财政问题是当前地方政府债务风险的最大隐患。根据审计结果，到2012年底，省市县三级地方政府负有偿还责任的债务余额中，超过1/3承诺用土地出让收入进行偿债。这样，地方政府信用和商业银行系统性风险就紧密关联地方房地产价格。但是没有工业聚集区题材的三四线城市的房地产已经在高位逗留，风险很大。必须研究措施，实现这些地区房地产泡沫的软着陆。

微观层面的信用风险度量文献有限。韩立岩等（2003）运用KMV模型建立了市政债券信用风险模型，提出了计算理论违约概率的方法；针对北京与上海的财政收支数据分析不同发债规模下的信用风险，计算出基于真实分布的不同债务规模下的违约概率,进而导出安全发债规模,由此形成市政债券信用风险的KMV模型。齐天翔等(2012)实证了中国城投债券信用风险的四个因素,发现中国城投债券的信用利差与发债企业的资产规模以及发债企业所在地区的人均GDP水平负相关,与企业债券收益率以及担保正相关,进而提出了中国城投债信用风险的信用利差分析思路。

在地方政府债券大发展的今天,有关违约风险与信用风险的方法研究、实证研究和案例研究都没有跟上实践的需要。

6. 美国市政债券借鉴

徐云霄(2015)专文分析了美国地方政府债务的特征与风险管理。美国有50个州政府和87525个地方县级与市级政府,两个层次的地方政府根据公共项目开支与公共设施建设的需要在各自议会审议的框架下发行市政债券。2013年美国州政府净债务余额为1166亿美元,县市两级政府的净债务余额为1353亿美元,分别仅占当年美国GDP的0.7%和0.81%,远远低于美国联邦政府债务余额。美国市政债券完全采用与公司债券相同的市场化运作与风险管理,各级地方政府的信用评级披露其投资风险,决定其融资成本。作为市政债券风险管理机制和资本市场运行的结果,债权人相当分散,商业银行的比重较低,而作为资本市场主体的共同基金、保险公司和个人占据主要位置。2014年,美国市政债券的市场总量为3652.381亿美元,商业银行持有476.893亿美元,占比为13.057%;而共同基金持有1039.457亿美元,保险公司持有475.689亿美元,个人持有1540.370亿美元,其他投资者持有119.964亿美元;资本市场投资主体持有占比超过85%。而市政债券的违约事件极其罕见,因此市政债券信用风险对于商业银行系统性风险的影响可以忽略不计。

2008年国际金融危机后,经济的全面衰退直接造成美国州和地方政府债务骤增,受经济周期影响,长期以来的州和地方财政赤字(高人工和高福利的支出)以及财政管理不当一度使美国迅速陷入州和地方政府债务危机,呈现出个别地方政府财政风险突出,长期财政压力陡增的严峻态势,给地方基建、实体经济和养老金带来负面影响。但是,地方债券市场运行比较平稳,没有出现大面积违约。在危机后果达到高潮的2010年末,美国州和地方政府共拥有2.74万亿美元金融资产,占GDP的18.4%;相较而言,州和地方政府总体债务余额与所拥有金融资产的比重最高达到89%,也就是说,美国地方政府债务的负债保障率(金融资产/总负债)保持在112%。因此,总体而言,国际金融危机给美国地方财政带来的巨大冲击并没有提高其信用风险。2009年美国数千个拥有发债权的行政单位中仅有10个地方政府寻求破产保护,而2010年则减少到5个。根据美国全国州预算办公室联合会(NAS-BO)的报告,2010年美国联邦政府通过《2009年美国复苏与再投资法案》（American Recovery and Reinvestment Act of 2009）对各州的转移支付金额达5637亿美元，占州政府支出的比重达34.7%，帮助各州避免出现大幅度削减公共服务的情况（陆阳春，2014；张帆，2016）。

国际金融危机后美国地方政府凸显的地方债务问题，为中国健康发展地方债和有效控制风险提供了正反两方面的借鉴。一方面，中国和欧洲市政信用融资的主要形式都是银行贷款，而美国的州和地方政府主要利用资本市场融资。美国地方政府发行一般责任债券和收益债券两类市政债券，具有比较完善的地方政府发债、信用评估、债务监管、隐性负债评估和破产体系。因此，美国地方政府的现有制度可以为中国地方债发行、运行和管理模式提供一个基本的制度框架参考。另一方面，借鉴美国州和地方政府债务危机的负面教训，应当采取以下改革措施：划分各级政府的债务事责，根据财力趋势控制发债规模，关注地方差异性的同时建立标准化的管理办法和数量化的管理工具，建立正确的激励机制，预防地方政府由于更广泛的制度原因和经济周期所放大的债务风险（张帆，2016）。

表1归纳比较了中美两国地方政府债务在"后危机"时代的特征。

表1 中美地方政府债务比较

	美国州和地方政府债务	中国地方政府债务	对中国的启示
危机形成原因	经济衰退，赤字严重，开支巨大	地方政府融资空前扩张，隐性债务问题暴露	加强预算，深化体制改革
危机呈现特点	个别地方政府财政风险突出，负债率总体可控	不同地区地方政府债务问题不均衡，负债率总体可控	关注地方性差异，加强宏观调控
地方政府融资形式	主体是资本市场	主体是银行贷款	应控制银行贷款比重，增加资本市场的比重，监控金融系统性风险
债务规模	州和地方政府独立发债，国际金融危机前后举债规模没有大幅度变化	地方政府不能独立发债，依托融资平台，举债规模在国际金融危机后大幅提升	应健全地方债券发行机制和监管体系，建立衡量债务风险的指标
危机处理	州以下的地方政府实行破产保护	上级政府"兜底"	加强地方官员考核激励机制；建立规范的政府债务破产体系，形成正确的预期激励机制

资料来源：根据张帆（2016）整理。

结束语：学术问题

随着中国经济发展进入新常态，宏观调控重点由"稳增长"向"防风险"转变，防范地方政府债务风险是牢牢守住不发生系统性风险底线的必然要求与重中之重，地方政府债务风险再次被推到经济安全的高度。2018年以来，在监管严格的背景下，作为主体债务形式的地方债发行节奏明显放缓。与此同时，2015年的第一批地方政府债务置换也即将进入收官之年，地方政府隐性担保的存量资产面临重新定价的过程，地方政府债的供给压力与日俱增。从与地方政府债务有着紧密联系的商业银行的视角来看，潜在的信用风险暴露呈现出地区性特征。在加强政府债务融资管理平台管理"开正门、堵后门"的思路下，商业银行参与地方政府债市场将面临形势更加严峻复杂的危机与挑战，同时也将面临更多机遇。

在此前学术文献的基础上，以下问题值得关注与思考：第一，微观层面的违约风险与信用风险度量。目前，文献集中在宏观层面的债务余额占比，但是不能从市场层面识别投资主体的风险，因而不能形成有针对性的风险管理手段。微观层面与宏观层面的违约分析结合将构成一个宏观管理层与商业银行体系相结合的系统性风险控制机制。第二，地方政府债务的法律建设。目前的《预算法》和国务院相关行政法规还不能涵盖违约发生后的法律事件，特别是债务主体的法人地位、债务重组与清偿问题。第三，财政软约束环境下地方政府信用膨胀的治理机制与调控手段。第四，支撑地方政府债务偿还的政府可支配的综合收入与资产计量。这涉及地方国有企业税后收入、企业净资产可用于担保的比例等。第五，商业银行持有地方政府债权资产的风险预警、不良资产处置等。第六，地方政府债券的资本市场运作。第七，如何实现投资主体化、分散化，从根本上改变商业银行系统性风险和地方政府债务关联过于紧密的问题。第八，地方政府信用风险和商业银行住房信贷的违约风险与当地房地产市场关联程度问题，以及平稳消除泡沫的策略。

参考文献

[1] 巴曙松. 地方政府投融资平台的发展及其风险评估 [J]. 今日财富：金融版, 2009 (9)：9-10.

[2] 蔡国喜. 市政债信用评级制度构想 [J]. 中国金融, 2014 (7)：24-25.

[3] 蔡书凯, 倪鹏飞. 地方政府债务融资成本：现状与对策 [J]. 中央财经大学学报, 2014, 1 (11)：10.

[4] 陈诗一，汪莉．中国地方债务与区域经济增长［J］．学术月刊，2016（6）：37-52．

[5] 程宇丹，龚六堂．政府债务对经济增长的影响及作用渠道［J］．数量经济技术经济研究，2014（12）：22-37+141．

[6] 范小云，郭步超．政府债务适度规模与增长模式转型［J］．南开学报（哲学社会科学版），2014（1）：134-143．

[7] 龚强，王俊，贾珅．财政分权视角下的地方政府债务研究：一个综述［J］．经济研究，2011（7）：144-156．

[8] 韩立岩，牟晖，王哲兵．市政债券的风险识别与控制策略［J］．管理世界，2005（3）：58-66．

[9] 韩立岩，郑承利，罗雯，杨哲彬．中国市政债券信用风险与发债规模研究［J］．金融研究，2003（3）：85-94．

[10] 黄芳娜．如何防范我国地方债风险［J］．生产力研究，2010（12）：160-161．

[11] 黄国龙，蔡佳红．"土地财政"的分税制根源及其对策［J］．宏观经济研究，2013（6）：3-8．

[12] 黄志勇．地方政府债会成为我国金融危机的导火索吗？［J］．经济体制改革，2014（2）：15-19．

[13] 贾俊雪，郭庆旺．财政规则、经济增长与政府债务规模［J］．世界经济，2011（1）：73-92．

[14] 江涛，薛媛．基于政治资源诅咒效应的地方政府债务风险形成机制及治理［J］．理论探讨，2017（5）：88-93．

[15] 蒋先玲．美国市政债券信用风险管理的借鉴［J］．国际商务，2005（5）：49-52+56．

[16] 刘畅．信而有征：结构性去杠杆下的地方政府债务风险分析［J］．新经济导刊，2018（7）．

[17] 刘少波，黄文青．我国地方政府隐性债务状况研究［J］．财政研究，2008（9）：64-68．

[18] 刘洪、杨攻研、尹雷．政府债务、经济增长与非线性效应［J］．统计研究，2014（4）：29-38．

[19] 陆阳春．美国州和地方政府财政困境分析与启示［J］．财政研究，2014（5）：74-77．

[20] 吕健．地方债务对经济增长的影响分析——基于流动性的视角［J］．中国工业经济，2015（11）：16-31．

[21] 马建堂，董小君，时红秀等．中国的杠杆率与系统性金融风险防范［J］．财贸经济，2016，37（1）：5-21．

[22] 缪小林，伏润民．地方政府债务风险的内涵与生成：一个文献综述及权

责时空分离下的思考 [J]. 经济学家, 2013 (8): 90-101.
[23] 齐天翔, 葛鹤军, 蒙震. 基于信用利差的中国城投债券信用风险分析 [J]. 投资研究, 2012 (1): 15-24.
[24] 邱峰. 地方债务置换效应及其对商业银行影响的探析 [J]. 国际金融, 2015 (6): 43-48.
[25] 邱栎桦, 伏润民, 李帆. 经济增长视角下的政府债务适度规模研究——基于中国西部 D 省的县级面板数据分析 [J]. 南开经济研究, 2015 (1): 13-31.
[26] 屈庆, 李俊江. 地方债与地方政府债务化解 [J]. 中国金融, 2018 (8).
[27] 唐云锋, 刘清杰. 地方政府债务诱发金融风险的逻辑与路径 [J]. 社会科学战线, 2018 (3): 65-72.
[28] 王刚, 韩立岩. 我国市政债券管理中的风险防范与控制研究 [J]. 财经研究, 2003 (7): 16-21.
[29] 吴盼文, 曹协和, 肖毅等. 我国政府性债务扩张对金融稳定的影响——基于隐性债务视角 [J]. 金融研究, 2013 (12): 57-71.
[30] 熊艳. 商业银行地方债业务探索 [J]. 中国金融, 2018 (12): 45-46.
[31] 徐云霄. 美国州、地方政府预算与政府债务管理 [J]. 财政研究, 2015 (10): 36-42.
[32] 杨德勇, 王萌. 地方政府债务问题的深层研究 [R]. 2018, https://mp.weixin.qq.com/s/bkyflDYd4JIgn8T_Y8yvaQ.
[33] 殷剑峰, 费兆奇, 范丽君. 地方政府债务置换选择 [J]. 中国金融, 2015 (9): 36-38.
[34] 詹向阳, 郑艳文. 地方政府债务置换的影响 [J]. 中国金融, 2015 (20): 32-34.
[35] 张帆. 美国州和地方政府债务对中国地方债问题的借鉴 [J]. 国际经济评论, 2016 (3): 69-84.
[36] 张启迪. 政府债务对经济增长的影响存在阈值效应吗——来自欧元区的证据 [J]. 南开经济研究, 2015 (3): 95-113.
[37] 张文君. 地方政府债务扩张之谜: 内因还是外因 [J]. 西安财经学院学报, 2012, 25 (6): 5-9.
[38] 曾繁华, 王飞. 市场产权视野下地方债务风险和银行风险同步放大机理及化解研究 [J]. 云南社会科学, 2014 (4): 85-88.
[39] 中国财政科学研究院金融研究中心课题组 (王朝才、赵全厚). 地方政府举债模式研究 [J]. 经济研究参考, 2017 (72).
[40] 中诚信国际研究院. 地方债发行持续提速, 城投债收益率整体回升 [J]. 中诚信检测周报, 2018 (31).

[41] 中诚信国际研究院. 置换类地方债发行提速，城投债交易利差整体走阔 [J]. 中诚信检测周报, 2018 (32).

[42] Acharya V, Drechsler I, Schnabl P. *A Pyrrhic Victory? Bank Bailouts and Sovereign Credit Risk* [J]. Journal of Finance, 2014, 69 (6): 2689 – 2739.

[43] Bocola L. The pass – through of sovereign risk [J]. Political Econ, 2016, 124 (4): 879 – 926.

[44] Bolton P, Jeanne O. *Sovereign Default Risk and Bank Fragility in Financially Integrated Economies* [J]. Imf Economic Review, 2011, 59 (2): 162 – 194.

[45] Brunnermeier M, Garicano L, Lane P. *European Safe Bonds (ESBies)* [EB/OL]. 2011, http://euro – nomics.com/wp – content/uploads/2011/10/06e – Esbies_document.pdf.

[46] Égert B. *Public debt, economic growth and nonlinear effects: Myth orReality?* [J]. Journal of Macroeconomics, 2013 (43): 226 – 238.

[47] Eichler S, Sobański K. *National Politics and Bank Default Risk in the Eurozone* [J]. Journal of Financial Stability, 2016 (26): 247 – 256.

[48] Fiordelisi F, Marqués – Ibañez D. *Is bank default risk systematic?* [J]. Journal of Banking & Finance, 2011, 37 (6): 2000 – 2010.

[49] Gennaioli N, Martin A, Rossi S. *Sovereign Default, Domestic Banks, and Financial Institutions* [J]. Journal of Finance, 2014, 69 (2): 819 – 866.

[50] Gennaioli N, Martin A, Rossi S. *Government default, bonds, and bank lending around the world: What do the data say?* [R]. Economics Working Papers 1378, Department of Economics and Business, Universitat Pompeu Fabra, revised Jun 2015.

[51] Goedecke J. *Contagious loan default* [J]. Economics Letters, 2018 (170): 14 – 18.

[52] Jeon K. *Income Inequality and Sovereign Default* [J]. Journal of Economic Dynamics & Control, 2018 (95): 211 – 232.

[53] Kim D, Song C Y. *Bank default risk and carry trade profit* [J]. Economics Letters, 2015 (130): 117 – 119.

[54] Kirchner M, Wijnbergen S V. *Fiscal deficits, financial fragility, and the effectiveness of government policies* [J]. Journal of Monetary Economics, 2016, 80 (2): 51 – 68.

[55] Kreis Y, Leisen D P J. *Systemic Risk in a Structural Model of Bank Default Linkages* [J]. Journal of Financial Stability, 2017.

[56] Sosapadilla C. *Sovereign Defaults and Banking Crises* [J]. Journal of Monetary Economics, 2018.

[57] Tsoumas C, Malliaris A G. *Bank defaults and spillover effects in US local banking markets* [J]. Journal of Economic Asymmetries, 2017 (16): 1 – 11.

[58] Wang C W, Chiu W C, Peña J I. *Effect of Rollover Risk on Default Risk: Evidence from Bank Financing* [J]. International Review of Financial Analysis, 2017 (54): 130 – 143.

[59] Wickens M. *A DSGE model of banks and financial intermediation with default risk* [J]. Research in Economics, 2017, 71 (3): 636 – 642.

Review on study of risk of local government debt

Han Liyan, Ding Ding

Abstract Since the global financial crisis 10 years ago, the financial security of China's local debt has attracted sustained and high attention. The local government debt in China has witnessed the stimulation, accumulation, expansion, adjusted replacement and other stages during the economic growth of China. After the implementation of the New Budget Law in 2015, the situation is jointly supported by commercial bank credit and local government debt. The appropriateness of local government debt depends on the basic relationship between debt level and economic growth, which has proved to be inverted U – shaped relationship, while the stability of economic growth is the fundamental guarantee. From the perspective of preventing systemic financial risks, risk exposure of local hidden debts is an important potential factor affecting the quality of credit assets of Chinese commercial banks and triggering systemic risks in the financial system. As an underwriter and important investor in the local debt market, the commercial bank will also face more opportunities and challenges in the process of marketization of local debt. This paper put forward academic issues for continued research.

Keywords   Local government debt   Commercial banks   Hidden debts   Municipal bonds   Systemic risk   Financial safety

改革开放新征程：历史与未来
——"2018 国际货币论坛"综述

罗 琦 李振新[①]

2018年是中国改革开放40周年，也是中国经济发展转型升级、金融市场全面深化改革的重要历史节点。为了适应当前的经济和货币格局，加强货币政策、财政政策、汇率政策及宏观审慎政策的多层次统筹和协调，继续推动人民币国际化发展，全方位提高中国金融深化程度，由中国人民大学财政金融学院和中国人民大学中国财政金融政策研究中心主办，中国人民大学国际货币研究所（IMI）承办的"2018国际货币论坛"于2018年7月14日至15日在中国人民大学举行。

论坛开幕式致辞由中国人民大学财政金融学院院长、IMI理事长庄毓敏主持。中国人民大学校长刘伟首先致辞。他指出，改革开放40年来，中国经济发生了翻天覆地的变化，同时影响中国经济发展的条件也发生了系统性变革。在这样的背景下，国际货币论坛一定能够成为新时期推动中国经济社会改革发展和人民币国际化进程的重要平台，人民币国际化报告一定能够成为进一步推动人民币国际化实践进程的重要决策依据。随后，IMI副所长向松祚对《人民币国际化报告2018》进行了解读。报告显示，得益于中国经济稳健增长、市场预期回归理性、"一带一路"建设全面推进、金融市场稳步开放，截至2017年第四季度，人民币国际化指数（RII）触底强力反弹，升至3.13，同比提高44.8%。

论坛主旨演讲由IMI所长张杰主持。国务院发展研究中心副主任王一鸣、中国社会科学院副院长高培勇、丝路基金有限责任公司董事长金琦、中国人民大学副校长吴晓求先后发表主旨演讲。

王一鸣指出，2017年以来人民币总体上是稳定的。尽管2018年6月底以来，受到预期的影响，人民币出现了较大幅度的贬值，但是人民币下行压力基本释放完全，即将趋于回稳。与其他新兴经济体货币相比，人民币的波动幅度很小。同时，他认为下半年的经济走势面临着不少风险和挑战，主要表现为以下四点：中美贸易摩擦、主要经济体的货币政策转向、去杠杆背景下潜在风险的释放和固定资产投资将面临的下行压力。高培勇表示，党的十八大以来的5

[①] 罗琦，李振新：中国人民大学国际货币研究所副研究员。

年里，宏观经济领域发生了深刻的变化。而在变化的轨迹当中，也形成了一个可以对接新时代高质量发展要求，并且可以匹配经济发展新常态的宏观调控基本框架。从总体层面上看，这种新的宏观调控基本框架主要包括对于宏观经济形势的判断、发展理念、政策的主线索、政策的实施以及社会的主要矛盾五个方面。金琦对人民币国际化的历程、人民币国际化的供给侧环境顺应需求侧拉动的日益完善以及人民币对外投资的重要作用等进行了分析，她认为开展人民币直接对外投资将推动人民币国际化进入更快的发展阶段，也是下一步人民币国际化的一个攻坚战，对于推进人民币进一步国际化具有重要意义。吴晓求分别从中国金融改革的历史和未来两个层面对中国金融改革和人民币国际化进行了总结和展望。他认为，自改革开放以来，中国金融经历了六个方面的变化，分别是中国金融规模实现根本性增长；中国金融资产结构的改善及证券化资产比重极大提高；居民资产结构多样化发展；金融功能极大改善；金融业态开始多元化；金融效率得到极大提升。随后他对中国金融的未来进行了展望，他认为摆在中国金融未来首位的是人民币国际化。中国要构建一个现代化金融体系，其核心便是要建设新的国际金融中心和实现人民币国际化，中国未来的金融监管改革一定要适应这两个基本目标。

大会主旨演讲之后是主题研讨，本次会议共设置4个主题研讨论坛（3个公开论坛，1个闭门论坛），以下分三个方面进行综述。

1. "一带一路"倡议下的自由贸易与金融开放新格局

中美贸易摩擦为全球经济发展和国际金融稳定带来了巨大挑战，而且使人们开始对经济全球化进程产生怀疑。在逆全球化因素不断增多的条件下，中国提出了"一带一路"倡议，积极推进人民币国际化进程，并实行全方位的金融开放政策。在这一背景下，我国应当在金融开放倡议中如何布局，"一带一路"倡议和人民币国际化如何推进，宏观政策如何更好地进行国际协调？

1.1 自由贸易与金融开放

英国伦敦经济政策署原署长罗思义重点分析了美国为什么会实行减税政策并挑起贸易争端。他指出，美国提高关税的政策以及中美贸易争端并不意味着全球化的崩溃，而是由于长期以来美国经济增速很慢，而美国现在正处于经济周期的上行期，因此税收政策对美国国内经济的影响还未开始显现。但是，随着经济下行期的来临，税收政策的负面效应就会开始产生作用。

货币金融机构官方论坛（OMFIF）主席戴维·马什重点讨论了人民币国际化进程。他认为，随着中国不断实行对外开放，中国在未来的资本进出口方面会有明显的发展，从而逐渐成为世界金融市场的核心。中国的金融发展不仅会带来国内的繁荣，同样也会帮助人民币在国际金融交易和金融结算中获得重要地位，从而驱动人民币实现国际化。此外，中国管理对外资产的能力正在逐步提升，随着境外资产和境外理财产品开始以人民币计价，多货币的国际货币储备体系也在缓慢形成。

江苏苏宁股份公司董事长黄金老重点分析了我国市场对美国是否还有吸引力。他指出，尽管我国有着庞大的金融市场和商品市场，并且我国在2018年上半年迅速开放金融市场，但是外资来华经营金融业务的积极性并不高。这是因为，从商品市场来看，我国的消费升级主要集中在住房、家居产品和汽车等行业，而这些消费升级行业与美国的关联性并不高。从金融市场来看，中美两国制度上的差异，导致两国金融机构的资金流向以及金融市场行为有很大不同，最终使外资对我国金融市场望而却步。我国应当实行贸易自由、金融服务开放和资本流动并举的对外开放政策。

对外经济贸易大学副校长丁志杰重点分析了中美贸易摩擦背景下金融开放协调问题。他指出，我国国际收支可持续性问题非常严峻，因为我国的货物贸易顺差基本上被服务贸易和错误与遗漏项下的逆差全部抵消了，投资收益项下的亏损已经在侵蚀我国的净资产。我国要在长期内实现国际收支平衡，需要加快金融服务业开放，谨慎开放资本账户，同时以对外投资等金融方式逐步实现人民币国际化，最后适时宣布外汇储备减持计划，从而稳定人民币汇率，有效应对中美贸易摩擦。

中银香港首席经济学家鄂志寰重点讨论了中美贸易摩擦的演变前景和影响。她指出，我国对美国出口商品的结构和总量决定了我国整个加关税过程的边际影响是逐渐收敛的，这很有可能会导致周期性因素、结构性因素交错上升，同时对全球金融风险带来极大的挑战。美国长期持续的货物贸易逆差，实际上是美元在全球货币体系中处于主导地位的副产品，要彻底解决美国的贸易逆差，只能通过调整现有的全球货币体系来实现，这为人民币未来在全球货币体系中占据稳定的地位提供了可能空间。

上海黄金交易所理事长焦瑾璞重点讨论了黄金市场的开放与国际合作问题。他指出黄金市场是金融市场的重要组成部分，尤其是在全球贸易摩擦背景下，黄金市场的开放与国际合作，对于金融市场的开放和经济的稳定增长非常重要，也有助于形成市场的集聚效应，提升国际影响力。近年来，我国黄金市场的开放成效斐然，未来应积极开展跨市场合作，深化双向开放。同时，逐步在境内外实行人民币计价的黄金交易，提速国际化步伐。

台湾永丰金控最高顾问、董事邱正雄重点讨论了如何提高人民币在特别提款权（SDR）中的权重问题。他指出，由于金融资产在SDR里的比重非常大，因此中国加速推进人民币国际化，需要对中国金融市场的风险有科学的判断和控制。金融环境安定，金融资产的信用度就会提升，人民币汇率的波动就不会太大。最后他建议，中国应当以银行信用量和房价成长率表示的金融波动率来评估金融风险，加强企业财务的集中管理和银行征信，维持金融稳定，通过发行债券提高人民币 SDR 权重。

1.2 "一带一路"与人民币国际化

中国投资有限责任公司副总经理祁斌重点讨论了我国应当如何利用"一带一路"平台建设加强与世界各国的经济合作。他认为，在当前逆全球化思潮兴起的大背景下，"一带一路"倡议是非常有积极意义的。中国应当依托于双边基金推动直接投资和加强平台生态建设，借此推动各国产业与中国经济结合，优化中国的对外投资，既能将中国经济与发达国家相结合，系统地学习先进技术和产业模式，也能将我国先进的产能跟发展中国家合作，同时培育他们的市场，最终实现双赢。

中国信达资产管理股份有限公司副总裁庄恩岳重点分析了"一带一路"建设与人民币国际化进程的问题。他指出，由于"一带一路"的投资重点聚焦于基础设施建设，依靠基础设施直接进行人民币投资，将极大地促进资本、技术等生产要素的国际流动，增加人民币在中国与世界各国之间的流通速率，促进人民币形成良好的回流机制，客观上引起对人民币需求的扩大，从而提升人民币的投资价值与储备价值功能，也将产生投资乘数效应和货币替代效应。利用"一带一路"建设，人民币可通过贸易和对外投资两种渠道，以金融平台为辅助加速实现国际化进程。

中国人民银行乌鲁木齐市中心支行行长郭建伟重点讨论了中国与"一带一路"沿线国家货币合作的路径选择。他认为，在我国与周边国家的货币稳定性上，人民币存在隐性锚的潜质，原因主要集中于三个方面：一是在区域货币的选择上，应将中亚五国作为优先考虑的重点地区；二是从合作的条件上看，人民币成为中亚国家隐性货币锚的条件日益成熟；三是从合作模式上看，次区域理论下的"2+X"货币合作模式是中国与中亚国家货币合作的最佳突破口。最后他指出，在中亚国家推动人民币国际化，不仅要完善汇率机制，还要注重培育中亚国家持有人民币的市场需求。

中非产能合作基金董事长韩红梅重点讨论了以中非产能合作为契机，推进人民币国际化进程。她指出，由于非洲发展工业化需要金融助推器，而非洲工业化进程对中国的产业升级也发挥了积极的作用，因此，将非洲国家的比较优势和中国的优势产能相结合能够实现互利共赢。应当以中非产能合作为契机推进人民币国际化进程；加大力度，提高人民币的国际影响力：加大宣传，引导中国企业"走出去"时使用人民币结算；扩展与非洲国家的人民币直接交易，扩大与非洲国家中央银行的货币互换协议范围，开展双边货币的直接交易；同时，加大人民币境外清算和保障力度。

中国人民大学国际货币研究所副所长、四川省金融工作局局长助理涂永红认为应当增加直接交易币种，破除人民币国际化的现实障碍。她指出，"一带一路"应该成为人民币国际化的重要突破口。目前很多"一带一路"沿线国家还没有使用人民币，其中最大的障碍在于美元和欧元清算的基础设施存在巨大的网络效应，这些国家已经形成了对使用美元和欧元的路径依赖。人民币国际化要实现突破，需降低其他国家货币与人民币兑换的成本，推动与人民币的直接兑换。另外，目前人民币在贸易商品特别是大宗商品领域没有定价权，这也拖累了人民币国际化。最后，涂永红表示我国应当扎实做好以下工作：一是继续保持中国经济的稳定增长，实现核心技术上的突破；二是要以创新来推动人民币的使用。

中国邮政储蓄银行国际业务部总经理祝元荣重点讨论了"一带一路"建设下的新环境与新征程。他指出，新环境包含两个层面：一是近期的中美贸易争端，二是人民币对美元汇率出现很大的不确定性。新征程是指，长期以来我国在推动人民币国际化进程中忽视了发挥市场参与主体的积极性，而由于商业银行在"一带一路"下如何发放中长期信贷等问题的存在，导致国内机构参与"一带一路"的积极性没有被充分挖掘。因此，如何发挥市场参与主体的积极性，减少对金融产品和金融交易环节的限制，是推动人民币国际化进程中必须重视的微观基础。

1.3 宏观政策国际协调

华夏新供给经济学研究院首席经济学家、财政部财政科学研究所原所长贾康探讨了宏观政策国际协调中的中国战略、策略问题。他指出，当下全球最重要的双边关系——中美关系已出现阶段性变化。在新的阶段美国打压中国，是在一定的博弈阶段出现的以丛林法则为主导的局面。在这种特殊情况下，中国必须重视、强调"比较优势原理"之外的守正出奇的赶超战略，力求与美国斗而不破，在不确定性中把握确定性，即坚定不移坚持改革开放。同时他强调，宏观政策的国际协调需纳入结构性改革因素。结构性改革是全球大趋势，也是每一个文明提升变迁中的经济体和主权国家需要处理好的问题。最后，他认为宏观政策协调中的汇率机制实际上不可能完全市场化，各国均希望通过实力较量、意愿操控而接近理想结果。货币政策影响力方面，中国和其他经济体相对于美国而言处于弱势，要更多地考虑财政政策结构优化的功能。

中国金融出版社社长魏革军重点研究了货币政策国际协调问题。他指出，如果缺乏有效的国际协调，一国均衡通胀水平会低于最优，经济只能达到次优均衡。而货币政策协调能够提升均衡通胀水平，促进各国福利的增加。但他同时指出，由于各国货币政策目标各异、所处经济周期不同、协调中的地位和话语权不一致等问题，货币政策国际协调的效果会受到影响，甚至国际协调本身也可能走向崩溃。而随着国际金融危机之后货币政策的外溢性越来越明显，货币政策国际协调潜在收益增加，主要经济体越来越多地将外部经济和政策环境纳入货币政策决策的考量中。最后，他指出了货币政策国际协调的另一个努力方向，即各国宏观审慎政策、金融监管和金融规则的协调统一，这将为各国货币政策的实施创造良好条件。

2. 金融去杠杆与系统性风险防范

杠杆是金融领域不可或缺的工具，但过高的杠杆率就意味着不可持续和风险。2016年底的中央经济工作会议就已指出需关注金融风险，将防控金融风险放在更加重要的位置。2017年中央经济工作会议更是进一步将"防范化解重大风险"列为三大攻坚战之首。目前，我国整体杠杆率仍处于高位，去杠杆仍任重道远，去杠杆的方式和措施仍然存在争议。以银行为主导的金融体系如何才能实现金融杠杆率稳步下降？如何进一步健全系统性金融风险防范体系？学者们对这些问题进行了深入探讨。

2.1 去杠杆的内涵、路径及影响

中国社会科学院学部委员王国刚认为，用"债务总规模/GDP"这一指标衡量杠杆率缺乏科学性、实践性和可比性，难以揭示出金融风险与杠杆率高低之间的内在关联，应使用资产负债率来研究杠杆率。2017年中国规模以上工业企业的资产负债率为55.5%，低于欧美国家的大中型企业，但我国企业严重缺乏中长期负债，资产流动负债率明显高于欧美国家的实体企业。"杠杆"作为债务（债务资产或债务资金）有着增强企业的盈利能力、推进经济结构调整和促进资产重组等功能，同时又是实体企业经营运作中不可缺少的资产。从这个角度来看，杠杆"去不得"，关键是要调整"负债的期限结构"，大量增加中长期负债，降低流动性负债，由此"熨平"实体企业负债期限结构。

中国证券监督管理委员会研究中心正局级研究员刘青松认为，金融去杠杆是一个长期过程，其过程可能比加杠杆要长，不能操之过急。2017年我国金融去杠杆迈出实质性步伐，到年末金融部门杠杆率分别回落8.4%（资产方）和4.8%（负债方），且资产方和负债方口径的杠杆率差距继续收窄，表现出表外业务向表内业务回归。对于金融去杠杆，刘青松提出六点建议：一是监管部门要密切关注金融去杠杆对实体经济的影响；二是金融去杠杆要服务服从于实体经济健康发展的需要；三是要大力发展股权融资和长期债券融资；四是应鼓励优秀证券公司适当加杠杆；五是应加强融资类业务监测监控监管；六是要关注居民部门杠杆率快速攀升风险。

如是金融研究院院长管清友认为，中国选取去杠杆的时点和方向是非常正确的，但目前去杠杆已经需要做适度对冲和微调。原因有如下两点：其一，内外部环境发生了变化，中美贸易摩擦对我国经济与贸易的压力凸显；其二，中国内部金融周期发生了变化，下半年经济下行压力大。但管清友认为，货币政策宽松不能重走原来的老路。如果不关住货币闸门，一定会出现庞氏金融和杠杆率高企。同时他指出，由于我国整个影子银行体系已大幅收缩，即便效仿2014年的全面降准、降息，所取得的效果也不可同日而语。

包商银行首席经济学家华而诚认为，去杠杆不必然影响经济增长率，关键在于切实推动能提高投融资效率的供给侧改革。2016年开始，我国投融资效率止跌回升，使杠杆率增速下降的同时经济增速未降反升。但当前我国杠杆率仍然偏高。因此，应坚持推动"以市场为决定力量"的供给侧结构性改革及开放措施。同时，要更好地发挥政府的作用，修正市场失灵，达到"包容性增长"。

2.2 防范化解系统性金融风险

上海财经大学现代金融研究中心主任丁剑平认为，目前，中国汇市风险来源于新兴市场国家新一轮货币危机的波及效应，非专业化媒体舆论的"推波助澜"和由于贸易逆差和储备减少引发的外汇占款下降所导致的对市场"流动性"的担忧。为此，要通过推进自贸区账户监管资本抽逃，通过"人民币资金池"让企业获得流动性。同时，及时推出结构性货币政策和财政政策"组合拳"应对经济增速下滑。目前，人民币虽有贬值压力但不改变人民币稳定趋势。

香港国际金融学会会长肖耿对中国的杠杆率和系统性风险比较乐观，认为房地产、股票市场、影子银行和外汇投机四大风险源已被有效控制。但外界对中国的杠杆和系统性风险仍不看好，原因在于中国经济转型升级产生的坏账没有被冲销。他建议中国通过发行国债来冲销坏账，并将所有的金融市场统一起来。

中国社会科学院世界经济与政治研究所国际投资研究室主任张明探讨了当前我国面临的三大宏观金融风险。其一，"新三难"选择，分别是外部环境的不确定性、防控金融系统性风险和保持国民经济的平稳增长。其二，中国企业杠杆率不足，但不断攀升的政府和居民杠杆率堪忧。其三，2018年第一季度中国出现经常账户逆差，而短期资本流向则变动不居，这意味着中国未来可能会面临国际收支双赤字，宏观经济决策环境会显著恶化。

中国金融四十人论坛高级研究员张斌认为，偿付能力是比杠杆率更好的研究金融风险的指标。从偿付能力来看，目前地方政府隐性债务问题最为突出，新增的40万亿元债务中有相当部分面临偿付能力问题。一方面，这些钱主要用于基建，回报率低；另一方面，中国许多城市面临人口流失，加大了城市基建的偿付难度。此外，中国还需要一个正规的基建融资机制以降低融资成本。

3. 金融科技助力实体经济转型与升级

当前，人工智能、区块链、大数据、云计算和智能投顾等新兴技术与金融深度融合，金融科技得以空前发展。如何使金融科技更好地助力实体经济？什么是金融科技适配的监管方式？如何在保护消费者权益的同时更好地服务中小微企业、"三农"与大众消费？这些问题得到与会专家的高度关注。

3.1　金融科技重塑金融业态

中国银行原行长李礼辉认为，以信任链接为纽带的折叠、以流程再造为纽带的协同和以网络共识为纽带的虚拟正构成金融科技创新的新态势。在金融科技的作用下，经济主体、社会主体之间的平面空间被折叠了，弱信任变成可信任，长距离变成零距离，有中介变成去中介，虚拟金融工具呈现规模化趋势。但任何金融创新都必须固守金融的本质，即价值融通、信用创造和风险控制，金融科技发展必须规范有序。

微软（中国）有限公司首席技术官黎江认为，当前实体经济和金融科技都呈现数字化转型趋势，但金融机构在数字化转型方面滞后于实体经济。金融机构应当与供应商和合作伙伴合作，依托区块链构建一个信用、信息共享体系以解决信任问题。科技不仅仅是工具和生产力，更是一种生态、一种生命和一种决定未来公司生存与估值的形态。

金融壹账通副总经理黄宇翔认为，全球金融科技市场规模稳步增长，中国市场发展非常迅猛，金融科技公司已成为金融服务市场不可或缺的主要参与者，解决行业和客户痛点仍为金融科技公司的第一要务。目前广大中小企业与中小金融机构之间缺少连接是行业痛点，可运用金融科技手段予以解决。

3.2　金融科技助力实体经济发展

全国社保基金理事会原副理事长王忠民认为，金融科技全心全意服务实体经济有三个维度逻辑。第一个维度是信用，即让金融资源真正发挥到最有信用场景的地方去；第二个维度是风险，即运用金融科技更加清晰准确地认知化解、交易、隔离风险；第三个维度是成本，即通过去中心化等金融科技手段，降低金融体系和实体经济的交易成本。

乐赚金服海融易产品总经理范震认为，金融科技要解决中小企业借款难的问题，需运用大数据、AI 智能、云计算等金融科技手段，获取与中小企业风控相关的要素数据。如此才能深入服务实体产业，挖掘企业的真实需求。

金融壹账通中小企业金融科技服务中心负责人李鹏指出，微表情技术、区块链技术以及智能数据感知技术能有效帮助金融机构识别、共享和控制中小企业风险，实现中小企业融资便利化。

医伴金服创始人兼董事长嵇磊认为，医疗行业信息化非常落后，且相对封闭，但也应当拥抱数据化。传统供应链模式依靠核心企业进行捆绑授信，而金融科技可让每个中小企业依靠自身积累的数据获得授信。

3.3 区块链技术助力金融服务

中钞区块链技术研究院院长张一锋认为，区块链技术已在凭证、支付、多方对账和供应链金融等诸多领域得到应用。区块链技术独有的技术价值包括通过链式账本构建单向的有序时间轴，通过共识记账机制消除信息与事务处理中的不确定性，并可实时地精确确权。

蚂蚁金服区块链实验室技术总监闫莺认为，以数字为原材料产生的产品依赖区块链提供可信数据。区块链可打造一个信任链接的基础设施，是持续、透明、普惠、安全和可信的。

趣链科技 CEO 李伟认为，区块链主要有三大用途：一是可以做可信的凭证，即可信的数据和计算；二是可以实现数据资产化，进而实现社会数字化；三是可以帮助实现分布式商业。

同盾金融科技研究院院长顾威认为区块链技术可应用于风控领域，实现风险共享，保障数据安全，并可为智能风控、供应链产业上的相关权证提供一个信任机制。

中国金融学
China Journal of Finance

不忘初心，继续前进

《中国金融学》诚邀投稿

《中国金融学》，一份有情怀的读物。

* 有历史：怀着服务中国金融的初心，创始于 2003 年。
* 有底蕴：已经发表了上百篇高水平的金融学术论文。
* 有情怀：致力于为中国经济社会发展提供金融方案。
* 有实力：由清华、川大、浙大、人大四所名校合办。
* 有高参：由国内外著名的资深学者组成学术委员会。
* 有特色：既持续关注传统金融，也紧密追踪新金融。
* 有深度：既有学界资深前辈，也有新锐的后起之秀。
* 有热情：诚邀国内外学界优秀学者、精英踊跃投稿。

《中国金融学》创始于 2003 年，旨在为中国金融研究者提供一个高端学术平台。在创办的十多年里，《中国金融学》瞄准金融理论与实践前沿，发表了上百篇高水平的金融学术论文。《中国金融学》现由清华大学、四川大学、浙江大学、中国人民大学共同合办，每季度编一辑。

本书坚持对标国际先进理论与实践，扎根中国金融体系，倡导规范研究，鼓励理实融合，开放学术争鸣。本书既持续关注金融市场、公司金融、公共金融、国际金融等传统金融问题，也紧密追踪科技金融、金融科技、互联网金融等新金融问题。无论是学术上还是实践上，本书致力于为中国经济社会发展提供金融方案。

中国金融学
China Journal of Finance

投稿指南

1. 投稿请寄邮件至：zgjrxqk@163.com，以电子原稿附件形式发送，备注：论文投稿。

2. 文章格式：文末阅读原文，下载《中国金融学》投稿格式。

3. 本编辑部有权对来稿作文字修改、删减。如作者不同意编辑部对文章进行修改和删减，请在来稿中注明。

4. 作者：作者姓名在文题下按顺序排列。作者单位及邮政编码脚注在同页左下方，并附第一作者简介（含性别、出生年月、最高学历、职务、职称、工作单位、联系电话、E-mail，有相关著作论文发表的，请主要列出）。

5. 著作权事宜：作者文责自负，请勿一稿多投。本编辑部可对来稿作文字修改、删节。来稿决定使用后，由我编辑部发放专用录稿通知，专有使用权归本编辑部所有。如发现抄袭、冒名等违反著作权法相关规定的，文责由作者自负。

6. 审稿期为3个月，如未录用，请自行处理。

7. 联系电话：18601375518
   联 系 人：姜楠

8. 联系邮箱：jiangnan@xinhua08.com.cn。

9. 编辑部地址：杭州市江干区杭海路601号浙大AIF（江干）产研中心，邮编：310020。

《中国金融学》编辑部

浙江大学互联网金融研究院（Academy of Internet Finance，Zhejiang University，以下简称浙大AIF）成立于2015年4月，是中国首个立足于学科体系发展的互联网金融研究院。

浙大AIF汇聚了浙江大学经济、法学、管理、数学科学、计算机科学与技术、公共管理等学院的研究力量，开展跨学科研究，致力于成为引领国际的中国新金融智库和培养互联网金融人才的世界级基地。

浙大AIF在互联网金融发展、互联网金融法律、互联网与创新金融、数学与互联网金融、互联网金融技术五个创始研究中心的基础上，先后成立了区块链工作室、司南工作室、金融国际化工作室、创业金融工作室、互联网老龄金融工作室及云基础设施硅谷研究室，其他专题工作室陆续筹建中。

自建院以来，浙大AIF先后出版发行了《中资银行国际化报告》《砥砺前行，守得云开？——中国P2P网贷行业2016年度报告》《扬帆起航——走向国际的中资保险公司》《互联网金融理论与实务》《创业金融实践》等一系列研究成果。

浙大AIF积极拓展国际学术交流与合作，实行全球化战略布局，国内以北京、上海、深圳为基地筹建分院，国际以伦敦、硅谷、新加坡为基地筹建分院，目前北京分院、伦敦分院、上海分院、硅谷分院均已挂牌成立。

此外，作为浙江互联网金融联合会的联合理事长单位和全国金融标准化技术委员会互联网金融标准工作组的首批成员单位，浙大AIF积极助力互联网金融行业健康发展。

《中国金融学》网址
www.chinafinancejournal.org.cn

《中国金融学》微信公众号